Was sucht die Maus in Bethlehem?

Die Deutsche Bibliothek – CIP-Einheitsaufnahme

Was sucht die Maus in Bethlehem?: Neue Weihnachtsspiele
für Gemeinde, Kindergarten und Schule / hrsg. von Peter
Hitzelberger. – 1. Aufl. – Leinfelden-Echterdingen:
Verl. Junge Gemeinde, 2000
    ISBN 3-7797-0363-7 (Verl. Junge Gemeinde)
    ISBN 3-7840-3203-6 (Lahn Verl.)

© 2000 Verlag Junge Gemeinde Stuttgart
Leinfelden-Echterdingen
1. Auflage
Umschlag und Typografie: Dieter Kani, Stuttgart
Illustrationen S. 7 und 47: Dorothea Layer-Stahl
Druck: Wilhelm Röck, Weinsberg

ISBN 3-7797-0363-7 (Verlag Junge Gemeinde)
ISBN 3-7840-3203-6 (Lahn Verlag)

Was sucht die Maus in Bethlehem?

*Neue Weihnachtsspiele
für Gemeinde,
Kindergarten und Schule*

Herausgegeben von
Peter Hitzelberger

JUNGE GEMEINDE · LAHN

4

Inhalt

III. Heute ist Weihnachten

*Abkürzungen, die in diesem Buch vorkommen
:*

EG	=	Evangelisches Gesangbuch
GL	=	Gotteslob (Katholisches Gesangbuch)
Hal	=	Halleluja, Christ ist da; alte und neue Lieder und Kanons zur Advents- und Weihnachtszeit. mundorgel verlag, Köln/Waldbröl
LJ	=	Liederbuch für die Jugend. Gütersloher Verlagshaus
TG	=	Troubadour für Gott. Kolping- Bildungswerk, Diözesanverband Würzburg

Vorwort

Krippenspiele sollen nicht einfach nur die biblische Geschichte nachspielen. Gerade an Weihnachten gilt es, die allzu bekannte Botschaft dem Hörer und Zuschauer immer wieder in einem neuen Gewand vorzustellen. Krippenspiele wollen helfen hinzuhören, was uns diese Geschichte von der Geburt im Stall heute zu sagen hat. Die hier ausgewählten Spiele versuchen deshalb auf ganz unterschiedliche Weise, das unerklärliche Geschehen der Menschwerdung des Sohnes Gottes nahe zu bringen.

Auch von der äußeren Form her sind die Spiele in diesem Band eine bunte Mischung. Es gibt kurze Stücke, die mit wenigen Spieler/innen auskommen, und längere Stücke, die einer anspruchsvolleren Vorbereitung bedürfen. Die Spiele haben auch unterschiedliche Altersgruppen von Kindern im Blick, angefangen vom Kindergartenalter. Da es ganz verschieden ist, wie in Gemeinden oder Schulen Krippenspiele aufgeführt werden, wurden keine Altersangaben bei den Stücken gemacht. Es ist zum Beispiel etwas anderes, ob ein Stück gesucht wird, das man nur mit und für Kindergartenkinder aufführen will, oder ob man einen Gemeindegottesdienst feiert, in dem sowohl Kindergarten- als auch Schulkinder (und Erwachsene) angesprochen werden sollen.

Die Spiele sind alle in der Praxis erprobt und vor der Veröffentlichung aufgeführt worden. Den Stücken sind jeweils erläuternde Vorbemerkungen vorangestellt, die sowohl eine schnelle Orientierung bei der Auswahl eines Spiels erleichtern als auch praktische Hinweise für die Aufführung enthalten. Bei den meisten Weihnachtsspielen sind Lieder angegeben, die zwischen den einzelnen Szenen gesungen werden können. Weit möglichst ist darauf geachtet, dass sowohl für evangelische als auch für katholische Benutzer geeignete Liedvorschläge gemacht sind.

Regieanweisungen im Text erleichtern die Darstellung der verschiedenen Rollen. Auch wenn jedes Spiel so wie es abgedruckt ist auch aufgeführt werden kann, ist ein freier Umgang mit den Texten durchaus erlaubt und gewünscht, z.B. Auswahl der Szenen, Textkürzungen, Veränderung in der Anzahl der Spielerinnen und Spieler.

Mein Dank gilt allen Autorinnen und Autoren, die ihre Stücke zur Veröffentlichung zur Verfügung gestellt haben. Ich freue mich, dass dieses Buch in einem evangelischen und einem katholischen Verlag gleichzeitig erscheinen kann und damit einem noch größeren Interessentenkreis zugänglich wird.

Peter Hitzelberger

I. Kommt zum Stall!

Die Kinder von Bethlehem

Bettina Klein und Bärbel Schuler

Vorbemerkungen:

Fünf einfache Spielszenen mit Herbergsuche, Hirten und Sterndeutern. Die klassische Weihnachtsgeschichte wird dabei aus der Perspektive von vier Kindern aus Bethlehem entwickelt. Damit erzielt man auch bei Kindern, die die Weihnachtsgeschichte schon gut kennen, neue Aufmerksamkeit. Gleichzeitig wird den Kindern aber die ihnen gewohnte Weihnachtserzählung dargeboten und ihnen damit Vertrautheit im Weihnachtsgottesdienst vermittelt.

Spieler/innen: Die Kinder von Bethlehem: Die Hirten und Hirtenkinder:
– Jonathan – Samuel
– Hanna – Jakob
– Lukas – Josia
– Salome – Benjamin
– Simeon

Maria 1. König
Josef 2. König
Wirt 3. König

---

1. SZENE: **Die Kinder von Bethlehem**
(Lukas spielt Ball, Hanna und Jonathan kommen dazu.)

Jonathan: Hallo Lukas!

Hanna: Hallo, was machst du denn so alleine hier?

Lukas: *(kickt lustlos vor sich hin)* Das siehst du doch. Zu Hause hat man ja schon seit Tagen keinen Platz mehr zum Spielen.

Hanna: Ach so, bei euch ist auch das ganze Haus voll mit fremden Leuten, die alle wegen der Volkszählung hier sind?

Lukas: *(ärgerlich)* Allerdings! Wir Kinder mussten zum Schlafen bereits in die Küche umziehen. Und keiner kümmert sich um uns.

Jonathan: Bei uns ist es genauso. Und überall auf den Straßen sind so viele Menschen unterwegs und es werden ständig mehr.

Hanna:	Es sind sogar schon so viele, dass wir gestern zwei von denen in unseren Stall geschickt haben.
Jonathan:	In den Stall?
Hanna:	Ja, die Frau war doch schwanger. Die brauchte einen Platz und sonst war alles voll.
Jonathan:	Jetzt erzähl das mal der Reihe nach! Was ist passiert? *(Flötenmusik)*

2. SZENE: Herbergsuche

(Maria sitzt am Boden. Josef kommt dazu. Maria schaut ihn erwartungsvoll an.)

Josef:	*(schüttelt niedergeschlagen den Kopf)* Es gibt inzwischen kein Haus, in dem ich nicht war. Alles scheint restlos voll zu sein. Ich weiß wirklich nicht mehr, wo wir sonst noch fragen könnten.
Maria:	Aber irgendwo muss es doch einen Platz geben.
Josef:	Irgendwo vielleicht schon, aber sicher nicht hier in Bethlehem.
Maria:	*(deutet in eine andere Richtung)* Und da hinten, Josef, warst du da hinten schon?
Josef:	*(völlig mutlos)* Ich weiß es nicht. Die Häuser sehen alle gleich aus. Aber ich kann es ja mal versuchen, wenn du meinst. *(Er macht sich auf den Weg.)*
Maria:	Warte, ich komme mit. *(Sie gehen zu dem Wirtshaus hin und klopfen an. Der Wirt öffnet.)*
Josef:	Guten Abend. Haben Sie…
Wirt:	Nein, wir haben keinen Platz mehr. Tut mir leid.
Josef:	*(verzweifelt)* Aber sehen sie doch meine Frau. Sie ist schwanger und das Kind soll bald zur Welt kommen.
Wirt:	*(überlegt kurz)* Hm, ich weiß auch nicht. – Wir haben da noch einen Stall. Nicht besonders sauber und das Dach ist auch nicht mehr das beste. Na ja, vielleicht wäre das noch eine Möglichkeit…
Maria:	*(erfreut)* Aber natürlich. Vielen Dank!

Josef:	Und wo ist der Stall?
Wirt:	Dort hinten. Wartet, ich komme gleich mit. Ich hole nur noch schnell eine Lampe und eine Decke.

(Nachdem der Wirt wiedergekommen ist, gehen sie gemeinsam zum Stall.)

● Gemeindelied: »Jesus ist geboren« (LJ 324,1+2) oder »Zu Bethlehem geboren« (EG 32,1-2; GL 140,1+2; Hal 43,1+2; LJ 37,1+2)

3. SZENE:	**Die Kinder von Bethlehem**

(Lukas, Hanna und Jonathan sind wieder zusammen. Sie sitzen auf der Straße.)

Lukas:	Und dann haben sie wirklich in dem Stall geschlafen?
Hanna:	Eigentlich wollten sie das, aber sie sind nicht dazu gekommen. Denn heute Nacht kam ihr Baby zur Welt. *(Salome kommt zu den Kindern.)* – Hallo, Salome.
Salome:	Hallo! Wo ist heute Nacht ein Baby geboren?
Jonathan:	Na, bei Hannas Eltern in dem alten Stall. Da haben sie auch so fremde Leute untergebracht.
Salome:	*(ungläubig)* Im Stall? Moment – , dann ist das ja doch wahr, was der Benjamin erzählt hat.
Lukas:	Benjamin? Der Hirtenjunge?
Salome:	Ja, ich wollte auch nicht mit ihm reden, du weißt schon…
Hanna:	Mit denen redet keiner gern. Die sind doch so anders als wir.
Jonathan:	Jetzt sag doch endlich, was hat Benjamin erzählt?
Salome:	Er hat gesagt, dass er in der Nacht mit den anderen Hirten bei den Schafen war. Und plötzlich soll es am Himmel ganz hell geworden sein.
Lukas:	Mitten in der Nacht?
Salome:	Ich konnte es mir auch nicht so richtig vorstellen. Aber er hat gesagt, es war wirklich so. Und das Beste kommt noch. Da sollen Engel gewesen sein und die haben mit ihnen gesprochen. Könnt ihr euch das vorstellen?
Hanna:	Ich glaube, der spinnt!

Salome:	Das habe ich auch gedacht, aber dann erzählt ihr mir die Sache mit dem Baby im Stall…
Jonathan:	Was hat das denn damit zu tun?
Salome:	Das war es ja gerade. Deshalb sind die Engel ja gekommen, um zu sagen, dass in einem Stall ein Baby geboren wurde. Und dieses Kind ist der Sohn Gottes.

● Gemeindelied: »Jesus ist geboren« (LJ 325,3) oder »Zu Bethlehem geboren« (EG 32,3; GL 140,3; Hal 43,3; LJ 37,3)

4. SZENE: Die Hirten gehen zur Krippe

(Die Hirten Samuel, Jakob und Josia mit den Hirtenkindern Simeon und Benjamin laufen von hinten durch den Hauptgang nach vorne zur Spielfläche.)

Samuel:	Ich kann das immer noch nicht glauben.Der Schreck sitzt mir noch in den Knochen. Da soll Gottes Sohn geboren sein und zu uns, ausgerechnet zu uns, kommt der Engel!
Jakob:	Und in einem Stall, ein bisschen komisch ist das ja schon.
Josia:	Schon. Aber in einen Palast hätten wir ja nicht kommen können. *(Er zeigt auf seine Kleider.)*
Jakob:	Da hast du recht. Seht mal da vorne ist ein Stall.
Simeon:	Schaut mal, der große Stern da. Hat den auch Gott geschickt?
Benjamin:	Bestimmt, damit wir auch den richtigen Stall finden.
Samuel:	Es ist wirklich nicht zu glauben, was Gott alles für uns tut. *(Die Hirten kommen beim Stall an.)*
Jakob:	Josia, geh du zuerst hinein.
Josia:	Also gut. *(Er betritt den Stall. Die anderen folgen ihm.)* Schalom! Entschuldigt, wenn wir einfach so hereinplatzen, aber wir suchen ein neugeborenes Kind.
Benjamin:	Ein Engel ist zu uns gekommen.
Simeon:	Er hat gesagt, dass Gottes Sohn hier geboren ist.
Josef:	*(ermuntert die Hirten)* Schalom! Schön, dass ihr da seid. Kommt nur weiter herein.
Benjamin:	*(staunt)* Das Kind liegt ja wirklich in einer Futterkrippe!

Samuel:	Es kann mein Fell haben, damit es nicht friert. *(Er legt das Fell in die Krippe.)*
Maria:	Habt Dank, ihr Hirten. Wisst ihr, eigentlich hatte ich ein bisschen Angst, ob das alles so richtig ist. Erst die Volkszählung, dann das mit dem Stall. Aber, ich glaube, Gott hat das schon alles ganz richtig gemacht und gut für uns gesorgt.

5. SZENE:	**Die Kinder von Bethlehem**
Lukas:	Schaut mal da hinten. Nicht zu fassen, und so etwas in unserer Stadt. *(Er zeigt auf die Könige, die durch den Gang nach vorne kommen.)*
Hanna:	Die sehen ja ganz vornehm aus, wie echte Könige. So etwas habe ich ja noch nie gesehen.
Jonathan:	Wo die wohl hingehen?
Salome:	Gehen wir doch einfach hinterher. Aber ganz unauffällig. Kommt! *(Die Kinder schleichen hinter den Königen her. Kinder und Könige schauen nach oben zum Stern.)*
1. König:	Ich glaube, wir sind gleich da.
2. König:	Ja, denn es scheint so, als ob der Stern über dem Stall da vorne stehen bleibt.
3. König:	Und in diesem Stall sollen wir den neugeborenen König finden?
2. König:	Ach, überlege nicht so lange. Das macht doch nichts. Hauptsache wir finden den König, den wir suchen.
Jonathan:	*(erstaunt)* Habt ihr gehört, die suchen einen König.
Lukas:	*(ungläubig)* In Bethlehem?
Hanna:	Aber die gehen ja zu unserem Stall. *(Salome bleibt etwas weiter hinten stehen und überlegt.)*
Salome:	Was hat Benjamin gesagt? Gottes Sohn?
Hanna:	*(dreht sich zu Salome um)* Salome, wo bleibst du denn?
Salome:	*(kommt wieder zu den anderen Kindern)* Das Kind in eurem Stall, das weiß ich ganz bestimmt, das muss etwas ganz Besonderes sein. *(Die Könige gehen inzwischen in den Stall hinein.)*

1. König:	Wir kommen von weit her. Der Stern hat uns den Weg gezeigt.
3. König:	Der Stern bedeutet, dass ein neuer König geboren ist.
2. König:	Wir haben ihm auch Geschenke mitgebracht.
	(Die Könige knien nieder und legen ihre Gaben ab.)
Lukas:	*(staunt)* Da knien solche vornehmen Leute vor einem so kleinen Kind.
Hanna:	Es ist ein König, haben sie gesagt.
Salome:	Und sogar die Hirten sollten ihn sehen. Es ist ein ganz besonderer König. Er ist anders als alle anderen Könige.
Jakob:	Ja, weil jeder – ohne Ausnahme – zu ihm kommen kann.
Hanna:	Auch wir?
Lukas:	Ganz bestimmt auch wir.
	(Die Kinder gehen ebenfalls in den Stall hinein.)

Drei Türen

Ein Weihnachtsspiel von der Herbergsuche von Irmgard Hofmann

Vorbemerkungen:

Dieses Weihnachtsspiel ist mit geringen Mitteln darzustellen. Auf Kulissen kann ganz verzichtet werden. Man kann aber auch auf drei große Plakate drei Türen malen: eine prächtige Tür mit bunten Glasfenstern, eine normale Haustür, eine verfallene Stalltür.
Den Szenen der vergeblichen, erst im armen Stall „erfolgreichen" Herbergsuche werden Verse des Liedes „Macht hoch die Tür" gegenübergestellt, die die Gemeinde singen kann. Dadurch wird bildlich sichtbar die Frage gestellt, welche Aufnahme der „Herr, der Herrlichkeit" bei uns findet.
Weil es sich auf die Herbergsuche beschränkt, eignet sich das Stück auch für eine Aufführung in der Vorweihnachtszeit, z. B. in der Schule oder in einem Familiengottesdienst.

Sprecher/innen:

Erzähler	Diener
Josef	Wirt
Maria	Hirte

● Gemeindelied:»Macht hoch die Tür« (EG 1,1; GL 107,1; Hal 83,1; LJ 12,1; TG 350,1

1. SZENE: **Die prächtige Tür**

Erzähler: Den ganzen Tag sind Josef und Maria gewandert, über steile Berge, durch Geröll, vorbei an Weingärten und Olivenhainen. Nun freuen sie sich sehr, als sie das Stadttor von Bethlehem erreichen.
(Während der Erzähler gesprochen hat, sind Maria und Josef auf der Spielfläche angekommen.)

Josef: *(er stützt Maria)* Jetzt kannst du dich gleich ausruhen, Maria. Der Weg ist zuletzt schwer für dich geworden, ich weiß. Ein Weilchen Geduld und wir finden einen Raum, wo du dich hinlegen kannst.

Maria: *(erschöpft)* Glaubst du denn, dass noch Zimmer frei sind? Der Abend dämmert schon.

Josef:	*(macht ihr Mut)* Ein kleines Plätzchen ist doch immer noch zu bekommen, wenn man bescheiden darum bittet. Du wirst schon sehen, Maria.
Erzähler:	Dort, gleich um die Ecke steht ein prächtiges Haus. Bunte Glasfenster und eine geschnitzte Eichentür. Leise beschwingte Musik klingt durch den Türspalt. Lachen kann man hören. Im Haus scheint ein fröhliches Fest gefeiert zu werden.
Josef:	Hier ist bestimmt gut sein. *(Er klopft mehrfach an.)*
Erzähler:	Nach einer ganzen Weile erst wird die Tür geöffnet. Ein Diener in farbenprächtigem Gewand tritt heraus und betrachtet die beiden geringschätzig.
Diener:	Hier darf nicht gebettelt werden. Hier ist ein angesehenes Haus!
Josef:	Wir wollen nicht betteln. Wir suchen nur eine Unterkunft für eine Nacht. Man hat uns gesagt, alle Hausherren seien aufgefordert, die Fremden aufzunehmen, die zur Volkszählung kommen.
Diener:	Nichts da! Wir feiern heute ein Fest. Sucht euch anderswo einen Platz. In eurigen staubigen Arbeitskleidern verderbt ihr uns nur die gute Laune.
Erzähler:	Und damit schlägt er die Tür polternd ins Schloss.

● Gemeindelied: »Macht hoch die Tür« (EG 1,3; GL 107,3; Hal 83,3; LJ 12,3; TG 350,3)

2. SZENE: Die normale Tür

Josef:	*(enttäuscht)* Ich hätte es mir denken können. Wir passen halt nicht zu den reichen Leuten. Aber du wirst sehen, Maria, in den einfacheren Herbergen, da sind wir willkommen. Ein paar Geldstücke habe ich auch noch im Sack.
Erzähler:	So ziehen sie weiter durch die Straßen der Reichen bis die Häuser näher zusammenrücken und die beiden in bescheidenere Viertel kommen. Feste, solide Häuser stehen da, ein paar Blumen vor dem Fenster und bunte Wäsche – aufgehängt zum Trocknen.

Josef:	*(wendet sich an Maria)* Sieh, da ist auch ein Gasthaus!
Erzähler:	Durchs Fenster kann man die Gäste sitzen sehen, die ein Glas Wein trinken oder Karten spielen. Der Duft von Braten und gutem Essen schlägt den beiden entgegen, als sie durch die Tür gehen. *(Maria und Josef betreten das Gasthaus.)* Der Wirt kommt auf sie zu.
Wirt:	*(schreit)* Raus, ihr Fremdenpack! Hier ist nichts mehr frei. Habe gerade genug Arbeit mit meinen Gästen.
Josef:	Aber sieh doch, meine Frau erwartet ein Kind. Sie kann kaum noch weitergehen.
Wirt:	*(schimpft)* Gerade deshalb nicht! Ein Kind kriegen? Wohl in meiner guten Stube, was? – Seht zu, dass ihr schleunigst verschwindet! Oder soll ich euch Beine machen? *(Er treibt die beiden zur Tür hinaus.)*
Erzähler:	Wieder wandern die beiden weiter, klopfen an viele Türen, aber immer werden sie abgewiesen.
●Gemeindelied:	»Macht hoch die Tür« (EG 1,4; GL 107,4; Hall 83,4; LJ 12,4; TG 350,4

3. SZENE: Die Stalltür

(Maria und Josef wandern weiter.)

Erzähler:	Nun ist der Ort zu Ende. Maria und Josef kommen an abgemähten Wiesen vorbei. Sie gehen müde und erschöpft auf einem steinigen Feldweg. Irgendwo weiden Schafe. Man hört ihr Blöken und das eifrige Bellen der Hunde. Die Nacht ist hereingebrochen. Nur ein paar Sterne funkeln. Maria wankt noch ein paar Schritte übers Feld, dann sinkt sie zu Boden.
Maria:	Ich kann nicht mehr! *(Sie hält sich den Bauch und krümmt sich vor Schmerzen.)* Josef, ich glaube die Wehen setzen ein.
Josef:	*(kniet sich zu Maria und umarmt sie)* Das kann Gott nicht zulassen, dass das Kleine auf freiem Feld geboren wird.
Erzähler:	Behutsam hüllt Josef Maria in seine Jacke und läuft dann auf eine baufällige Schäferhütte zu. Mit beiden Fäusten hämmert er gegen die Tür, die aus einfachen Holzbrettern gezimmert ist. Da wird sie auch schon aufgemacht. Im warmflackernden

Licht der Stalllaterne erkennt Josef Ochs und Esel. Gemeinsam fressen sie aus der Futterkrippe. Ein alter Hirte humpelt ihm entgegen.

Hirte: Komm herein, wenn du einen Unterschlupf suchst. Viel kann ich dir nicht bieten. Aber besser als da draußen in der kalten Nacht ist es allemal.

Josef: Aber ich bin nicht allein. Meine Frau wartet noch draußen. Sie wird bald ein Kind bekommen. Oh, bitte helft ihr doch!

Hirte: Dann wollen wir sie aber ganz schnell hereinholen. Es ist auch für sie noch Platz in diesem Stall.
(Sie gehen zu Maria hin. Josef hilft ihr auf.)

Josef: Maria, komm! Hier ist eine Tür für uns offen. Hier dürfen wir bleiben.

Maria: *(dankbar)* Gut, dass wir Menschen gefunden haben, die mit uns teilen. Hirten haben ein gutes Herz.

● Gemeindelied: »Macht hoch die Tür« (EG 1,5; GL 107,5; Hal 83,5; LJ 12,5; TG 350,5)

Uns wird erzählt von Jesus Christ

Liselotte Probst

Vorbemerkungen:

Kurze Spiele mit wenigen Akteuren werden immer mehr gesucht. Denn in vielen Gemeinden wird es immer schwieriger, genügend Kinder zu Proben zusammenzubekommen. Sprechen in einem so großen Raum wie einer Kirche will gelernt sein. Vor allem jüngere Kinder, die noch mit Begeisterung mitmachen, sind damit oft überfordert. Sie sollen laut, deutlich und langsam sprechen und gleichzeitig agieren. Lange Texte können sie nicht auswendig lernen.

Das folgende Stück ist kurz. Benötigt werden nur sechs Sprecher/innen, die den Text direkt am Mikrophon vortragen können. Durch die Reime prägt sich der Text beim Lernen leichter ein. Man kann die Verse aber auch vom Blatt vortragen.

Spieler/innen:	Lukas	Josef
	Kaiser Augustus	Maria
	Wirt	Hirte

(Der Evangelist Lukas tritt auf.)

Lukas: Ich werde der Evangelist Lukas genannt.
Schon lange bin ich weltbekannt.
Ich habe die Weihnachtsgeschichte aufgeschrieben,
die alle Menschen gerne hören und lieben.
Viele Zeugen konnte ich fragen:
Was könnt ihr mir über die Geburt von Jesus sagen.

Augustus: Ich werde Kaiser von Rom genannt
und bin als mächtiger Herrscher bekannt.
Ich regiere über ein großes Reich.
Ich sage euch, das ist gar nicht so leicht.
Damals ist mir sogar das Geld ausgegangen.
Darum habe ich mit dem Eintreiben von Steuern angefangen.
Jeder sollte sich in seiner Geburtsstadt zählen lassen.
Meine Soldaten mussten dabei gut aufpassen.
Die Judäer konnten mich nicht leiden.
Wir Römer waren für sie Heiden.

Lukas:	Nun wollen wir einige Zeugen befragen. Zuerst soll der Wirt von Bethlehem sagen, was er erlebt hat in jenen Tagen.
Wirt:	Mir kam die Volkszählung sehr gelegen. Für uns Wirte war das ein großer Segen. Mein Haus war damals voll, das fand ich natürlich ganz toll. Jeden Tag klopften Leute an meine Tür. Auch ein Mann mit einer schwangeren Frau bat um Quartier. Es tat mir leid. Doch ich hatte wirklich keinen Platz mehr. Die junge Frau war müde. Sie ging langsam und schwer. Ihr Mann, Josef, klopfte noch bei anderen Wirten. Ich sah, wie sie von Haus zu Haus weiterirrten. Schließlich zeigte man ihnen einen Stall mit Stroh. Ich sage euch, es war wirklich so.
Lukas:	So könnt ihr es auch in meinem Buch nachlesen. Nun fragen wir Josef: Ist es wirklich so gewesen?
Josef:	Ich bin Josef aus Nazareth, ein Zimmermann. Schon vielen Leuten konnte ich zeigen, was ich kann. Mit Maria bin ich nach Bethlehem gekommen. Doch niemand hatte uns aufgenommen. Endlich konnten wir einen warmen Stall finden, mit Heu und Stroh und einer Futterkrippe ganz hinten. In dieser Nacht ist Jesus geboren. Die Engel sangen: Nun ist keiner mehr verloren. Alle, die an ihn glauben und ihn lieben, erfahren Freude und inneren Frieden.
Lukas:	Nun frage ich einen Hirten nach der Heiligen Nacht. Auf den Feldern hat er die Schafe bewacht.
Hirte:	Ich bin ein Hirte von Bethlehems Feld Wir Hirten sind arm und haben wenig Geld. Doch damals in der dunklen Nacht, hat uns Gott eine große Freude gemacht. Die Engel haben von Jesus gesungen. Gottes Licht hat die Finsternis durchdrungen. Der Engel sagte: »Sucht das Kind in Bethlehems Stall! Habt keine Angst und freut euch all! Denn heute ist Christus, der Retter, geboren. Wer an ihn glaubt, ist nicht verloren.

Gott liebt alle Menschen, groß und klein.
Darum soll unter euch Frieden sein.«
Wir sind dann zu Maria und Josef gegangen
und haben ihnen erzählt, was die Engel uns sangen.
Ich danke Gott, das er uns Menschen liebt.
Wir sind nicht mehr arm, weil er uns so viel gibt.

Lukas: Ich danke euch, meine Freunde,
           ihr habt uns viel erzählt.
           Ihr seid die ersten Zeugen,
           die Gott sich auserwählt.
           Alle Welt soll hören wie Jesus geboren ist.
           Ich habe es aufgeschrieben, damit man es niemals vergisst.
           Zum Schluss will ich noch Maria, seine Mutter, fragen.
           Vielleicht will auch sie uns etwas zur Geburt von Jesus sagen.

Maria: Lukas, ich freue mich, dass du mich fragst
           und durch dein Buch vielen Menschen weitersagst,
           was in der heiligen Nacht geschehen ist,
           damit kein Mensch es jemals vergisst.
           Schreib alles auf, was ich gehört habe und gesehen.
           Es ist wirklich so geschehen.
           Jesus Christus ist geboren,
           Nun sind wir nicht mehr verloren!
           Lasst uns darum danken und loben
           unseren Gott und Vater im Himmel da oben.

● Lied: **Alle Weihnacht wieder** *(Melodie: »Alle Jahre wieder...«)*

1. Al - le Weih - nacht wie - der   freu - en __ wir uns sehr.

Je - sus ist ge - bo - ren, __ ihn schickt __ Gott uns her.

2. Er liegt in dem Stalle auf ein wenig Stroh.
Oh, ihr Menschen alle, singet und seid froh.

3. Er wird unser Bruder, dort im Krippelein,
und wir dürfen wieder Gottes Kinder sein.

4. Freut euch mit den Hirten und der Engelschar
Über Gottes Liebe auch in diesem Jahr.

Das Hirtenlied

Ein Weihnachtsspiel nach der Legende »Das Flötenspiel« von Max Bolliger,
ins Spiel gebracht von Rotraut Knodel

Vorbemerkungen:

Das Stück bietet Rollen sehr unterschiedlicher Länge für viele Kinder. Darunter sind auch solche für Kinder im Vorschulalter, die aus nur wenigen Sätzen bestehen. Außerdem ist es immer möglich, die Hirten oder den Engelchor um weitere Spieler/innen zu erweitern, die ohne einen Text sprechen zu müssen dabei sind.

Spieler/innen:	Sprecher/in	Verkündigungsengel
	Alter Hirte	1. – 3. Weiser
	Enkel (des alten Hirten)	Maria
	1.– 5. Hirte	Josef
	2. Sprecher (des Prophetentextes)	Engelchor

---

1. SZENE: **Auf dem Hirtenfeld**

(Der alte Hirte steht da – auf seinen Stock gestützt. Sein Enkel sitzt neben ihm.
Einige Kinder können auch die Schafe spielen. Etwas abseits sitzt die Gruppe
der anderen Hirten.)

Sprecher/in: Es war einmal ein alter Hirte, der die Nacht liebte und um den Lauf der Gestirne wusste. Weit draußen vor der Stadt, auf dem Hirtenfeld, tat er seinen Hirtendienst zusammen mit anderen Hirten. Oft stand der alte Hirte auf seinem Stock gestützt, den Blick zu den Sternen erhoben, auf dem Felde. Sein kleiner Enkel war draußen bei den Schafen.

Alter Hirte: Er wird kommen!

Enkel: Wann wird er kommen?

Alter Hirte: Bald wird er kommen!

1. Hirte: Ha, wenn ich das höre!

2. Hirte: Bald, bald! Und das sagt er nun seit Jahren!

3. Hirte: Wenn man solange draußen nur bei den Schafen lebt, wird man vielleicht seltsam.

4. Hirte: Ob der weiß, auf wen er wartet? Immer sagt er nur: Er wird kommen!

5. Hirte:	Und dann blickt er zum Himmel, als würde er von dort etwas erwarten!
2. Hirte:	Ich kenne den Alten schon lange. Er schaut nach den Sternen.
1. Hirte:	Und schon seit ich denken kann, kümmert er sich nicht mehr um unser Spotten und Auslachen.
4. Hirte:	Dann lasst ihn doch in Ruhe. Er tut ja keinem etwas. Und vom Schafehüten versteht er schließlich eine Menge!
Alter Hirte:	Er wird kommen!
Enkel:	Wer, Großvater, wer?
Alter Hirte:	Er wird kommen!
Enkel:	Glaubst du das wirklich, Großvater?
Sprecher/in:	Der alte Hirte kümmerte sich nicht um den Spott der Hirten. Nur der Zweifel, der in den Augen des Enkels aufflackerte, betrübte ihn.
	Wer sollte, wenn der Alte starb, die Weissagungen des Propheten weitertragen? Wenn er doch bald käme! Das Herz des alten Hirten war voller Erwartung.

● Gemeindelied: »O Heiland reiß den Himmel auf« (EG 7,1.4-6; GL 105,1.4-6; Hal 75,1.4-6; LJ 16,1.4-6)

2. SZENE: **Der alte Hirte und sein Enkel**

(Der alte Hirte steht und schaut zum Himmel. Die Hirten richten ihre Felle, bürsten die Felle, schneiden Handschuhe zu, füttern kleine mutterlose Plüschschafe, wickeln Schafwolle auf, bereiten ihr Lager, kochen etwas am Feuer. Der Enkel des alten Hirten schnitzt an einer Hirtenflöte.)

Enkel:	Großvater, was weißt du über diesen König, der kommen soll?
Alter Hirte:	Ich weiß, dass er bald kommt. Der Prophet hat es vorhergesagt.
Enkel:	Wird er eine goldene Krone tragen?
Alter Hirte:	Ja!
Enkel:	Und ein silbernes Schwert?
Alter Hirte:	Ja!
Enkel:	Mit einem purpurnen Mantel?

Alter Hirte:	Ja, ja!
Enkel:	O Großvater, das muss ja ein mächtiger König sein. Wenn der König dann kommt, möchte ich ihm ein Lied auf meiner Hirtenflöte vorspielen. Da muss ich noch viel üben! *(Der Enkel rennt weg. Der alte Hirte steht grübelnd da. Die Hirten stehen in kleinen Gruppen zusammen. Sie tuscheln, schütteln die Köpfe und wenden sich von dem alten Hirten weg. Der kleine Hirte übt in einer Ecke auf seiner Flöte. In die Worte des Sprechers hinein beginnt er die Melodie von »Stern über Bethlehem« zu spielen.)*
Sprecher/in:	Der kleine Hirte übte seine Hirtenmelodie. In jeder freien Minute saß er auf einem Stein vor seinem Zelt und spielte. Wenn der Großvater so genau Bescheid wusste, musste er ihm einfach glauben. Der kleine Junge spielte von Mal zu Mal schöner und reiner. Er übte am Morgen und am Abend, Tag für Tag. Er wollte bereit sein, wenn der König kam. Bald spielte keiner so schön auf der Flöte wie er.

● Gemeindelied: »Stern über Bethlehem« (Hal 191; LJ 326; TG 257)

Alter Hirte:	*(kommt zu seinem Enkel)* Würdest du auch für einen König ohne Krone, ohne Schwert und ohne Purpurmantel spielen?
Enkel:	Nein, Großvater, niemals! Schließlich soll mich dieser König doch mit seinem Reichtum beschenken!
Alter Hirte:	Vielleicht braucht der König gar keine Krone? Vielleicht hat er auch kein Schwert?
Enkel:	Ich will, dass mich dieser König reich macht. Er soll mir Gold und Silber für mein Lied geben. Deshalb übe ich doch so oft. Und was meinst du, wie die anderen Hirten mich beneiden, wenn dann ich als der kleinste Hirtenjunge reich bin. Dann spotten sie auch nicht mehr über dich. *(Der Enkel spielt seine Melodie »Stern über Bethlehem« wieder an. Dann unterbricht er, legt die Flöte zur Seite und geht weg. Der alte Hirte bleibt stehen, traurig auf seinen Stock gestützt. Er schaut zu Boden und dann wieder zum Himmel.)*
Alter Hirte:	Ach, warum verspreche ich dem Jungen, was ich selbst nicht glaube? Wie wird er denn kommen? – Auf Wolken aus dem Himmel? Aus der Ewigkeit? – Als König? Als Kind? – Arm oder reich? – Wie sagt der Prophet Jesaja?

2. Sprecher:	Das Volk, das im Finstern wandelt, sieht ein großes Licht, und über denen, die da wohnen im finstern Land, scheint es hell. Denn uns ist ein Kind geboren, ein Sohn ist uns gegeben, und seine Herrschaft ruht auf seiner Schulter; und er heißt Wunder-Rat, Gott-Held, Ewig-Vater, Friede-Fürst.
Alter Hirte:	Bestimmt kommt er ohne Krone, ohne Schwert, ohne Pupurmantel – und doch mächtiger als alle anderen Könige hier bei uns. Wie soll ich dem Jungen das erklären? Das versteht er doch nie!

3. SZENE: **Die Engel auf dem Feld**

(Die Hirten schlafen. Auch der alte Hirte ist auf seinem Stock zusammengesunken. Da beginnt am Himmel ein Leuchten! – Scheinwerferlicht – Die Melodie des »Gloria« setzt ein.)

● Gemeindelied:»Gloria« (Hal 55; LJ 380 oder 381; TG 508 oder 637 D) oder »Ehre sei Gott« (EG 26; LJ 34) oder »Ehre sei Gott« (TG 358)

Alter Hirte:	*(richtet sich auf)* Schaut! Das Zeichen am Himmel! Seht die Sterne! *(Die Hirten schrecken nach und nach hoch und springen auf.)*
1. Hirte:	Was ist los?
2. Hirte:	Ist was passiert?
3. Hirte:	Da brennt's irgendwo. Schnell! Aufstehen! Feuer, Feuer! *(Er weckt noch einige auf.)*
4. Hirte:	*(weckt den 5. Hirten auf)* Aber hör doch! Da stimmt etwas nicht.
5. Hirte:	Lass mich doch schlafen!
Alter Hirte:	*(freudig aufgeregt)* Er kommt! Er kommt!
3. Hirte:	Der Alte spinnt mal wieder.
1. Hirte:	*(schaut angestrengt zum Himmel)* Tatsächlich! Seht mal! Die Sterne sind so hell. So waren sie noch nie!
2. Hirte:	Und dort hinten, bei unserem Heimatdorf, Bethlehem! Ein ganz eigenartiger Stern!
3. Hirte:	Ich dachte, es brennt. Am Ende hat der Alte doch recht.
4. Hirte:	Hört doch mal! Schreit nicht so durcheinander! Hört mal zu!
Enkel:	Er ist da! Er ist gekommen! Der Großvater hatte recht.

● Engelchor singt: »Hört der Engel helle Lieder« (EG 54; Hal 149; LJ 52)

(Der Verkündigungsengel spricht die Worte von Lukas 2,14. Der Engelchor singt nochmals »Hört der Engel helle Lieder«.)

Enkel: Schnell, meine Flöte! Ich muss der Erste sein. Der König soll mein Lied hören. Bald bin ich reich.

4. SZENE: **Die Weisen aus dem Morgenland**

Sprecher/in: Der kleine Junge lief, so schnell er konnte. Er lief voraus, dem Licht entgegen. Unter dem Fell auf seiner Brust spürte er die Flöte. Der helle Stern zeigte aber nicht nur dem kleinen Hirten den Weg.
Dieser Stern war so leuchtend, so hell, so ungewöhnlich, dass auch in einem fernen Land Menschen ihn bemerkt hatten. Der Lauf der Gestirne hat die Geburt eines großen Königs verkündet.

1. Weiser: Jetzt sind wir dem Stern schon so weit gefolgt. Nun sind wir fast am Ziel unserer weiten Reise. Da ist Bethlehem.

● Gemeindelied :»Stern über Bethlehem« (Hal 191,1; LJ 326,1; TG 257,1)

2. Weiser: Das muss der Ort sein, an dem der König geboren ist. Nach Jerusalem zu gehen, war falsch. Doch der Stern führte uns recht. Die Gelehrten des Königs Herodes haben es ja auch gesagt: Geht nach Bethlehem.

● Gemeindelied: »Stern über Bethlehem« (Hal 191,2; LJ 326,2; TG 257,2)

3. Weiser: Es muss stimmen. Dieser Stern kündet einen König an. Schließlich haben es uns die alten Prophetenbücher bestätigt. Lasst uns den neugeborenen König begrüßen!

● Gemeindelied: »Stern über Bethlehem« (Hal 191,3; LJ 326,3; TG 257,3)

5. SZENE: **Im Stall**

(Die Könige bleiben vor dem Stall stehen.)

Sprecher/in: Der kleine Hirtenjunge war gerannt, so schnell er konnte. Nun stand er als erster vor dem Stall, über dem der helle Stern stand. Er starrte auf das Kind. Er starrte auf die Krippe, in der das Kind lag.

Maria: Schau, Josef, wer da kommt!

Josef:	Ein kleiner Hirtenjunge! Bestimmt arbeitet der draußen auf dem Hirtenfeld.
Maria:	Komm nur herein! Wir freuen uns. Gerade ist unser Kind geboren.
Josef:	Was ist mit dir? Du siehst ganz enttäuscht aus.
Maria:	Da sind ja noch viel mehr Hirten, Josef. Und ein ganz alter Mann ist dabei. Dass der den weiten Weg in dieser Nacht geschafft hat.
Josef:	Kommt nur herein! Wir freuen uns.
Sprecher/in:	Die Hirten, die den kleinen Jungen inzwischen eingeholt hatten, fielen vor dem Kind auf die Knie. Aller Spott war vergessen. Der alte Hirte kniete nieder und betete es an.
Enkel:	*(dreht sich weg)* Das soll der König sein? Nein, das muss ein Irrtum sein. Nie werde ich hier mein Lied spielen!
Sprecher/in:	Der Junge trat in die Nacht hinaus. Er sah weder den offenen Himmel, noch die Engel, die über dem Stall schwebten. Der Junge lief weg. Er sah und hörte nicht mehr, was um ihn geschah. Doch dann hörte er das Kind weinen. Er wollte es nicht hören. Er hielt sich die Ohren zu und lief weiter. Doch das Weinen verfolgte ihn, ging ihm zu Herzen, zog ihn zurück zur Krippe. Da stand er zum zweiten Mal. Er sah, wie Maria und Josef und auch die Hirten erschrocken das weinende Kind zu trösten versuchten. Vergeblich! Was fehlte ihm nur! Da konnte er nicht anders. Er zog die Flöte aus dem Fell und spielte sein Lied. *(Der Enkel spielt die Melodie von »Stern über Bethlehem« auf der Flöte.)*
Sprecher/in:	Das Kind wurde still. Es schaute den Jungen an und lächelte. Der kleine Junge wurde froh. Er spürte: Das Lächeln des Kindes machte ihn reicher als Gold und Silber.
Alter Hirte:	Siehst du, er ist gekommen.
Enkel:	Ja, Großvater, du hattest recht. Auch ohne Krone, Schwert und Purpurmantel. Der Stern hat uns den König verheißen und gezeigt.

● Gemeindelied: »Stern über Bethlehem« (Hal 191,4; LJ 326,4; TG 257,4)

Dies ist die Nacht

Ulrich Wildermuth

Vorbemerkungen:

Oftmals wird auch gerne ein Stück mit ansprechenden Reimen gespielt. Reime prägen sich besser ein als Prosatexte. Neben einigen Hauptdarstellern lassen sich in diesem Stück für den „Chor der Sterne" beliebig viele Kinder einsetzen. Dabei können gerade auch die Jüngeren mitmachen, die sich mit dem Lernen längerer Texte noch schwer tun, wenn sie nicht lesen können. Selbstverständlich kann man statt dem Chor auch die Gemeinde singen lassen.

Man braucht eine Kulisse eines Wirtshauses in Bethlehem und den Stall mit der Krippe. Das kann man aber auch mit einfachen Mitteln bewerkstelligen. Ansonsten sind keine besonderen technischen Vorbereitungen zu treffen.

Das Spiel wurde zuerst veröffentlicht in dem Buch „Komm, wir suchen Bethlehem" (Verlag Junge Gemeinde, 4. Auflage 1991), das seit einigen Jahren vergriffen ist.

Spieler/innen:

Wächter	Maria
Wirt	Josef
1. Hirte	Chor der Sterne
2. Hirte	

● Gemeindelied: »Dies ist die Nacht, da mir erschienen« (EG 40,1-3; Hal 88,1-3) oder »Ein Kind ist uns geboren heut« (GL 136,1-3)

1. SZENE

(Als Kulisse ist auf Pappe die Fassade eines Wirtshauses aufgemalt. Ein Fenster muss sich von hinten öffnen lassen. Der Wächter tritt auf.)

Wächter:
Hört ihr Herrn und lasst euch sagen,
Unsre Glock' hat elf geschlagen.
Löscht das Feuer und das Licht,
dass eurem Haus kein Leid geschieht.

Kalt und finster ist's geworden,
rauher Wind weht her vom Norden.
Bald ist wieder Mitternacht.
Ich steh hier und halte Wacht.

Langsam gehe ich die Runden.
Bin's gewohnt. Schon viele Stunden
hab ich, an den Stab gelehnt,
das Morgenlicht herbeigesehnt.

Kenne manche Art von Nächten,
kenn die guten, kenn die schlechten,
manchmal düster, manchmal grau,
sternenhell, klar oder rauh.

Legt sich wie ein schwerer Schleier,
wie ein schwarzes Ungeheuer
Dunkelheit auf unsre Welt -
das ist's, was mir nicht gefällt.

Glänzt das Mondlicht überm Hügel,
deckt mit weitem, warmem Flügel,
segnend, schützend uns die Nacht -
das ist's, was mir Freude macht.

Heute ist kein Laut zu hören,
nicht eine Katze will uns stören.
So ein wunderlicher Frieden
war uns lange nicht beschieden.

Könnt ich's nur den andern zeigen,
dies geheimnisvolle Schweigen,
das kein Ton mehr unterbricht!
(Der Wächter ist beim Wirtshaus angekommen und sieht noch Licht brennen.)
Nur im Wirtshaus brennt noch Licht.
(Der Wirt öffnet das Fenster des Wirtshauses und sieht den Wächter.)

Wirt:	Gut, Herr Wächter, dass Sie kommen.
	Ich fühl' mich heute so beklommen.
	Einzuschlafen fällt mir schwer,
	wälz' im Bett mich hin und her.
	Statt zu schlafen bis zum Morgen
	plagen Kummer mich und Sorgen.
	Ich hab' Angst um den Besitz.
	Diebe gibt's, das ist kein Witz!
Wächter:	*(tritt näher zum Wirt heran)* Ist die Sorge denn berechtigt?
	Sagt mir doch, wen ihr verdächtigt!
Wirt:	Draußen lagert Hirtenpack.
	Die sind gar nicht mein Geschmack.

Wächter:	*(beschwichtigt)* Ach, die bleiben bei den Schafen. Wirt, Sie können ruhig schlafen.
Wirt:	Wenn ich Sie was bitten darf: Kontrollieren Sie die scharf. Nur gut reden, hilft mitnichten bei so rohen Bösewichten. *(Beide verabschieden sich voneinander. Der Wirt schließt das Fenster und löscht das Licht. Der Wächter geht weiter.)*
Wächter:	Hört ihr Herrn und lasst euch sagen, Unsre Glocke hat zwölf geschlagen. Von zwölf Toren ist die Stadt, Die uns Gott verheißen hat. *(Der Wächter geht ab.)*

● Gemeindelied: »Hört der Engel helle Lieder« (EG 54,1-3; Hal 149,1-3; LJ 52,1-3) oder »Es kam ein Engel hell und klar« (GL 138,1-3)

2. SZENE

(Zwei Hirten auf den Straßen Bethlehems sind unterwegs zum Stall.)

1. Hirte:	Was wird das Kind von dir bekommen? Hast du auch etwas mitgenommen?
2. Hirte:	Dies weiche Fell will ich ihm schenken. *(Er holt das Fell unter seinem Mantel hervor.)* Wozu, kannst du dir sicher denken.
1. Hirte:	*(unsicher)* Sag du es mir, s'ist besser so.
2. Hirte:	Der Engel sprach, es läg auf Stroh. Hierauf wird es nun besser schlafen. Bringst du ihm etwas von den Schafen?
1. Hirte:	*(zeigt das Paket unter seinem Arm* Ein bisschen Milch, ein bisschen Quark. Das ist gesund. Dann wird es stark. *(Der Wächter tritt auf. Als er die Hirten erblickt, ruft er ihnen mit barschem Ton nach.)*
Wächter:	Halt! Hier geblieben! Sagt, warum treibt ihr euch hier im Dorf herum?
2. Hirte:	*(ängstlich)* 'S ist nichts!

Wächter:	Kommt her, ihr Lumpenpack,
	sonst mach ich aus euch Schnupftabak!
	(Sie kommen zögernd auf ihn zu.)
	Wohin zu dieser späten Stunde?
1. Hirte:	Ein Engel brachte uns die Kunde,
	der Weltenretter sei geboren!
2. Hirte:	Ich hab's gehört mit eignen Ohren!
	In Windeln gewickelt sei das Kind.
	In der Krippe liegt es bei Esel und Rind.
Wächter:	*(streng)* Ihr könnt mir keinen Bären aufbinden.
1. Hirte:	Komm mit, dann wirst du's selber finden!
Wächter:	Das könnte euch so passen!
	Ich darf meinen Posten nicht verlassen.
2. Hirte:	Was kann denn hier heut schon geschehen?
	Der Heiland ist's, zu dem wir gehen!
Wächter:	Wenn ich verlasse meinen Posten,
	kann mich das Kopf und Kragen kosten.
1. Hirte:	Du wirst bestimmt hier nicht vermisst,
	weil heut die Nacht des Friedens ist.
Wächter:	Ja, wenn nur Fried' auf Erden wär,
	Dann bräucht man keine Wächter mehr!
2. Hirte:	Und doch ist eine solche Zeit
	in dieser Nacht schon Wirklichkeit.
Wächter:	In dieser Nacht? Ist es kein Wahn?
1. Hirte:	*(deutet zum Himmel hinauf)* Schau dir doch nur die Sterne an.

● Der Chor der Sterne singt »Freu dich, Erd und Sternenzelt« (EG 47,1-5; Hal 19, teilweise mit anderen Versen) oder »Singen wir mit Fröhlichkeit« (GL 135,1-4).

3. SZENE

(Der Stall von Bethlehem. Es kann ein richtiger Stall auf Pappe gemalt sein oder man stellt nur eine Krippe auf. Maria und Josef stehen dabei und schauen das Kind in der Krippe an.)

Josef:	Was doch unser Gott im Stillen
	Für ein großes Wunder tut.

Ein Kind bekundet seinen Willen.
Ein Kind, das in der Krippe ruht.

Maria: Sieh ihn liegen, arm gekleidet,
Jesus Christus, unsern Herrn,
wie er jetzt schon für uns leidet,
und kein Elend ist ihm fern.

Beide: Größeres ist nicht zu denken
als die Liebe dieser Nacht.
Um uns reichlich zu beschenken,
hat sich Gott so arm gemacht.
(Die beiden Hirten und der Wächter nähern sich dem Stall. Der 1. Hirte ist schon beim Stall angekommen.)

1. Hirte: Komm her, ich glaub, hier sind wir recht.
(Er geht in den Stall hinein.)
Doch pfeift der Wind hier drin nicht schlecht.

2. Hirte: *(schaut prüfend zum Dach des Stalls hinauf)*
Es ist auch nicht das beste Dach. -
Genauso wie der Engel sprach.

Wächter: *(zu den Hirten)* Jetzt glaube ich, was ihr erzählt.

Maria: *(freundlich)* Kommt her, hier liegt der Heiland der Welt!

1. Hirte: *(holt sein Päckchen hervor und gibt es Josef)* Fell, Milch und Quark
sind unsere Gaben.

2. Hirte: *(gibt das Fell an Maria weiter, die es in die Krippe legt)*
Es ist halt das, was Hirten haben.

1. Hirte: *(zum Kind gewandt, während Maria dem Kind das Fell unterlegt)*
Wärme soll dies Fell dir geben.
Du kommst in eine kalte Welt.

2. Hirte: Dir gehört mein ganzes Leben!
So arm er ist, – ich hab kein Geld.

Wächter: Ich sag's in meinen schlichten Worten:
Die Nacht ist mir zum Tag geworden.
Auch ich kann dir nichts Großes bringen,
aber ein Lied, das kann ich singen.

(singt) Hört ihr Herrn und lasst euch sagen,
unsre Glock hat eins geschlagen.

Herrscht nur ein Gott in der Welt.
Ihm gehört das Himmelszelt.

Menschenwachen kann nichts nützen,
Gott muss wachen, Gott muss schützen.
Herr, du liebst und schützt uns sehr,
darum kam dein Sohn hierher.

Maria: Dank sei euch, ihr lieben Leute,
dass ihr uns besucht habt heute.

Josef: Doppelt zählt geteiltes Glück.
Kehrt gesegnet nun zurück!
(Der Chor der Sterne singt das folgende Lied.)

1. Die Nacht zu Beth - le - hem ist un - ser Tag, denn da kam zu uns der Herr. Und wenn es Nacht wird ü - ber - all, denkt dran, denkt dran, bei Nacht kam der Herr.

Text und Melodie: Kurt Rommel 1971. © Strube Verlag, München – Berlin

4. SZENE

(Man sieht wieder die Kulisse des Wirtshauses. Der Wirt steht vor seinem Haus und streckt sich.)

Wirt: Ach, war das eine herrliche Nacht.
Hab tief geschlafen, hab nicht gewacht.
Wie ausgewechselt ist mein Sinn -
Mich wundert's, dass ich so fröhlich bin.

Wächter: *(tritt auf)* Sagt an, Herr Wirt, wie ist's gegangen?
Habt ihr gewacht in Angst und Bangen?

Wirt: Nein, überhaupt nicht! Denkt euch nur -
von meiner Unruhe keine Spur!
Irgendetwas muss da passiert sein.

Wächter:	Darf ich mal kurz zu Ihnen rein?
	Sie haben recht: die Nacht von heut,
	die hat ihre Besonderheit.
	Ich will es Ihnen gerne berichten.
	Es ist die schönste aller Geschichten.

(Der Wirt und der Wächter gehen miteinander hinein. Man kann die beiden einfach seitlich hinter die Kulisse weggehen lassen.)

● Gemeindelied: »Weil Gott in tiefster Nacht erschienen« (EG 56,1-5; Hal 192,1-5) oder: »Gott heilger Schöpfer aller Stern« (GL 116,1-5)

Maria und das Jesuskind

Elke Gebhardt

Vorbemerkungen:

Dieses Stück ist konzipiert für ältere Kinder und Jugendliche. Leitfigur ist Maria, inzwischen alt geworden (gekennzeichnet durch Großbuchstaben MARIA), die auf ihr Leben zurückblickt.

In einem fiktiven Brief sind als Rückblenden die traditionellen Elemente eines Krippenspiels eingearbeitet. Maria und Josef werden hier – im Gegensatz zu sonst üblichen Spielen – gar nicht sanft und folgsam gezeigt, sondern als Menschen mit ihren inneren Spannungen und Konflikten.

Die Entlehnungen aus der heutigen Zeit sind bewusst gewählt. Sie sollen helfen, manche Einzelheit nicht zu überlesen, sondern mit heutigen Erfahrungen zu einem Aha-Erlebnis zu verbinden. Gott ist Mensch geworden in einer komplizierten Welt, wie wir sie auch heute wahrnehmen. Und er lebt gerade dort seine Geschichte des Heils.

Es ist wichtig, die Kinder bzw. Jugendlichen sorgfältig in die Gedanken, die hinter dem Stück stehen, einzuführen. Sie können sich dann gut in die Lage von Maria und Josef hineinversetzen. Das Stück macht die Voraussetzung, dass Maria mehrere Kinder hatte. Wer diese Annahme nicht vertreten kann, müsste den Text am Anfang leicht ändern.

MARIA kann z.B. von der Kanzel aus ihren Brief lesen. Die Spielorte der Rückblenden und MARIA, die ihren Brief liest, können durch wechselnde Beleuchtung herausgehoben werden. Die Herbergsuche kann ohne Kulisse gespielt werden. Die kurzen Rückblenden erlauben keine großen Bühnenbauten, wenn man sie nicht an ganz verschiedenen Orten spielen kann. Geräuscheffekte (z.B. Türknall) bringen genügend Verdeutlichung. Die Zahl der Hirten kann beliebig vermehrt werden.

Spieler/innen:	MARIA als alte Frau	1.- 4. Hirte
	Maria als junge Frau	Engel
	Josef	sowie Engelchor
	Wirt	
	Wirtin	

MARIA: Mein lieber Josef! Heute habe ich alle Kinder fortgeschickt. Heute will ich allein sein. Allein mit meinen Erinnerungen. Heute vor 40 Jahren ist unser Jesus geboren. Aber heute ist kein Fest, wie neulich die Dreißigerfeier von unserem Jüngsten. Hast du das überhaupt noch mitgekriegt, dass sie unseren Jungen ermordet haben? Das ist jetzt sieben Jahre her. (Wie lange bist Du denn schon tot? Es scheint mir eine Ewigkeit zu sein!) Ne, ne, dass sie unseren Jungen Jesus gekreuzigt haben, dieser Anblick ist dir erspart geblieben. Ach Josef, es steht mir alles wieder so deutlich vor Augen. Du bist wieder so nah! Als wären wir immer noch frischverliebt... Und dann dieser Keil! Dieses Misstrauen!

(Rückblende. Maria und Josef treten auf.)

Josef:	Du hast einen anderen Mann! Gib's zu!
Maria:	Josef, ich schwör es dir, es gibt keinen anderen Mann in meinem Leben!
Josef:	*(abweisend)* So lügen kannst auch nur du! Wie kannst du dann schwanger sein, wenn ich's nicht war?
Maria:	Ich hab dir doch erzählt von dieser Erscheinung, von dieser Gestalt, die aussah wie ein Engel! Diese Gestalt hat mir gesagt, dass wir einen Sohn bekommen, und ich solle ihn Jesus nennen!
Josef:	Es wird ja immer schöner! Deinen Liebhaber bezeichnest du nun schon als Engel! *(spöttisch)* Und dann hat dein Engel dich verzaubert. Du bist in einen Tiefschlaf verfallen, und du dachtest, du träumst, und es war so wunderschön, und nun bist du schwanger und der Liebhaber hat sich in Luft aufgelöst! *(zornig)* Für wie dumm hältst du mich eigentlich?
Maria:	*(ebenso zornig)* Brüll mich nicht so an! Ich weiß nur eins: Ich lüge nicht. Wenn du das nicht glauben kannst, oder wenn du mir nicht glauben willst, ist das deine Sache! Mache dich fort!

(Beide gehen in verschiedenen Richtungen auseinander.)

MARIA:	Ich war so stinkesauer auf dich! Deswegen bin ich erstmals zu Tante Elisabeth gegangen! Zuhause haben sie alle auf mir rumgehackt. Aber Tante Elisabeth wusste, von was ich rede, Sie hatte ja so was Ähnliches erlebt. Tante Elisabeth hat mich voll unterstützt. Hat mir Mut gemacht zu meinem Kind. Hat mir den Glauben an mich selbst wiedergegeben. Sie meinte, mein Sohn werde jemand ganz Besonderes sein. »Die Mutter meines Herrn« hat sie mich genannt. Und wehe, ich würde das Kind abtreiben! »Was Gott dir angekündigt hat, wird er auch vollenden«, sagte sie. Du glaubst gar nicht wie gut mir das getan hat, mit ihr zu reden. Es ist Tante Elisabeths Verdienst, dass ich wieder zu dir zurückgegangen bin. Ich hab

irgendwann kapiert, dass du so reagieren musstest. Dass du das nicht bös gemeint hast. Du warst halt unheimlich verletzt in deiner Würde als Mann. *(Pause. Hier kann Josef wieder auftreten.)* Josef, hast du mir eigentlich je richtig geglaubt? *(Pause)* Tja und dann war da die Sache mit der Volkszählung. Weißt du noch?

Josef: *(schimpft lautstark)* Dieser Mistkerl! Dieser Schweinehund! Dieser Fettwanst in Rom! Dieser Blutegel! Aussaugen will er uns! Bis auf die Knochen! Als ob er nicht Geld genug hätte! Das kommt davon, wenn einer so viele Soldaten bezahlen muss! Und warum braucht er so viele Soldaten? Weil er so viele Völker unterjocht! Würde er uns in die Freiheit entlassen, bräuchte er nicht so viele Soldaten und nicht soviel Geld für Soldaten. Aber nein! So müssen die Kleinen für diesen aufgedunsenen Geißbock bluten! Es ist zum Kotzen!

Maria: *(kommt erschreckt herbeigeeilt)* Josef, Josef, was ist denn los? Was ist denn passiert?

Josef: Was passiert ist? Dieser Lump will eine Volkszählung veranstalten!

Maria: Und was ist daran schlimm?

Josef: Dass dabei rauskommen wird, dass wir viel zuwenig Steuern zahlen. *(spöttisch)* Und das wird der gnädige Herr Kaiser zugleich ändern wollen.

Maria: *(bestimmt)* Der Kaiser kann beschließen, was er will, zuerst kommt unser Kind.

Josef: Nein, zuerst gehen wir nach Bethlehem, in die Stadt unserer Vorfahren.

Maria: Mach keine Witze! Die Volkszählung findet doch nicht morgen statt!

Josef: Aber nächste Woche!

Maria: Josef, das ist doch eine Riesenaktion! Das dauert doch bestimmt einen ganzen Monat. Also können wir zuerst das Kind kriegen, und uns dann auf die Reise machen.

Josef: Nein, wir gehen übermorgen los. Ich organisiere alles. Du musst dich nur auf den Esel setzen.

Maria:	Josef, da stimmt doch was nicht!
Josef:	*(barsch)* Hast du den Ausrufer gehört oder ich? Übermorgen geht's los, noch vor Sonnenaufgang.

(Josef und Maria gehen weg.)

MARIA:
Wenn ich mir das so aus dem Abstand überlege, hat da was nicht gestimmt. Du hast mir nur nicht alles gesagt. Im Prinzip wolltest du dich dieser Zählung entziehen. Du wolltest abhauen, untertauchen. Deswegen diese ganze Eile. Ich hab nur damals nicht dahintergeblickt. Ich war nur mit meinem Kind beschäftigt. Ach Josef, wenn du noch lebtest, ich würde nicht lockerlassen, bis du mir endlich die ganze Wahrheit gesagt hättest. So aber werde ich es nie erfahren ...

(Josef und Maria treten auf. An der Kleidung und dem Gepäck sieht man, dass sie länger unterwegs sind.)

Maria:
Josef, die Wehen kommen alle zehn Minuten. Wir müssen jetzt was finden.
(Josef klopft an eine Tür. Der Wirt kommt heraus.)

Josef:
Guten Abend! Wir brauchen ein Nachtlager, damit meine Frau ihr Kind kriegen kann!

Wirt:
Auf diese Mitleidstour falle ich nicht herein. Was voll ist, ist voll! *(Er knallt die Tür zu und geht.)*

Josef:
(klopft an der nächsten Tür, eine Wirtin erscheint) Guten Abend! Gibt es bei euch im Stall ein kleines bisschen Platz? Nur bis meine Frau ihr Kind hat! Die Wehen kommen schon alle zehn Minuten!

Maria:
Alle fünf Minuten!

Wirt:
(schlägt die Hände über dem Kopf zusammen) Diese unvernünftige Jugend! Man geht doch nicht mit einer Hochschwangeren auf Weltreise!
(energisch-praktisch) Los, mitkommen. Auf einem Esel ist schlecht Kinderkriegen!
(Alle gehen ab.)

MARIA:
Tja, das hättest du nicht gedacht, dass du bei der Geburt dabei wärest! Frauensache, hast du immer gesagt. Und die anderen ja auch! Für meine Mutter war klar, dass sie dabeisein würde! Die hätten dich alle rausgeschickt. – Aber vielleicht hat Gott das so eingefädelt, dass nur du dabei warst, und die Wirtin. Die war ja echt rührend. Da hast du einen ganz anderen Bezug

zu diesem Kind gekriegt, von dem du sagtest, es sei gar nicht deins. Das hat uns wirklich zusammengeschmiedet. Ich bin heute noch froh drum. Aber ich war völlig fertig. Das wurde nichts mit ambulanter Geburt. Wir waren doch bestimmt eine Woche in dem Stall. Oder habe ich das falsch im Gedächtnis? Du hast dann das mit der Volkszählung erledigt. War ich da eigentlich mit? Und wann war das, als die fremden Männer kamen?

(Josef und die Hirten begegnen sich vor dem Stall. Maria sitzt im Stall bei ihrem Kind an der Krippe.)

1. Hirte:	*(freudig entschlossen)* Wir haben gehört, dass hier ein Kind geboren sein soll!
2. Hirte:	Genau, in einem Stall.
3. Hirte:	Bist du der Vater?
4. Hirte:	Dürfen wir es mal sehen? *(Er will an Josef vorbei, wird aber von ihm aufgehalten.)*
Josef:	He, Moment mal! Meine Frau ist noch nicht wieder auf dem Posten. Woher wisst ihr denn davon? Seid ihr von der Geheimpolizei?
1. Hirte:	Manche Sachen erfährt man auch ohne Spione.
2. Hirte:	Der Stall ist sozusagen das Erkennungsmerkmal.
3. Hirte:	Ein echtes Kind, in Windeln gewickelt.
4. Hirte:	Und in einer Krippe liegend.
Josef:	Ich versteh' kein Wort.
1. Hirte:	Wir haben euch auch etwas mitgebracht.
2. Hirte:	Ein Fell als Unterlage. *(Er zeigt es her.)*
3. Hirte:	Eine Dauerwurst. *(Er hält sie Josef unter die Nase.)*
4. Hirte:	Wir gehen auch gleich wieder! *(Er drängt weiter vor.)*
Josef:	Nicht, bevor ihr mir erklärt, warum ihr ausgerechnet hierher kommt und ein fremdes Kind angucken wollt.
1. Hirte:	Also, wir sind Hirten und hüten Schafe, so Größenordnung 2000 Stück.
2. Hirte:	Also gibt es auch immer eine Nachtwache.

3. Hirte:	Aber diese Nacht waren wir alle wach, weil es so hell war!
4. Hirte:	Hast du das nicht bemerkt?
Josef:	Und wenn der FC Nazareth die Fußball-Weltmeisterschaft gewonnen hätte – ich bin zum ersten Mal Vater geworden, da hab ich nichts anders mitbekommen.
1. Hirte:	Es war hell. Wir haben zuerst an ein Feuerwerk gedacht. Vielleicht wegen irgendeinem neuen Regierungsmenschen.
2. Hirte:	Dann haben wir gemunkelt, ob wir alle durch ein Schlafpulver die Zeit verpennt hätten und es schon wieder Morgen wäre.
3. Hirte:	Aber dann haben wir eher auf Ufos getippt und kriegten langsam Schisse.
Josef:	Was war denn nun?
4. Hirte:	Wir haben himmlische Klänge gehört, und außerdem eine Stimme:
Engel:	*(kann unsichtbar bleiben)* Fürchtet euch nicht! Ich verkündige euch eine große Freude! Jeder im Volk wird es noch hören! Euch ist heute der Heiland geboren. Es ist Christus, der Herr. Und das ist das Zeichen: Ihr werdet finden das Kind in Windeln gewickelt, und in einer Futterkrippe liegen.
1. Hirte:	Futterkrippe – kombiniere – Stall. Und neugeborenes Kind. Deswegen haben wir so gefragt.
2. Hirte:	Wir sind uns nämlich nicht so sicher, ob wir nicht alle geträumt haben!
3. Hirte:	Man könnte das auch als Engels-Erscheinung bezeichnen.
4. Hirte:	Und ehe wir das glauben, wollen wir das sehen.
Josef:	Also kommt mit rein. Maria? Bist du wach? Da wollen welche unser Kind sehen.
Maria:	Guten Tag. Woher seid ihr denn?
1. Hirte:	Von der Gegend hier. Bist du die Mutter? Und das ist das Kind?
2. Hirte:	*(schaut in die Krippe)* Ein echtes Kind! Mit Windeln!
3. Hirte:	In einer Futterkrippe! Wie bei uns armen Leuten!

4. Hirte:	Und das soll der Heiland sein.
Maria:	Wie bitte?
4. Hirte:	Das soll der Heiland sein.
Maria:	Wer sagt denn das?
3. Hirte:	Wir vermuten, dass es ein Engel war.
Maria:	Also doch. Jetzt schließt sich der Kreis. Ein Engel hat mir das angekündigt, und ein Engel bestätigt es diesen Hirten. »Heiland.« Hoffentlich enttäuscht er uns nicht!
2. Hirte:	Einer, der Gerechtigkeit schafft bei uns, das wäre nicht schlecht.
1. Hirte:	Oder Frieden.
● Engel-Chor:	»Ehre sei Gott in der Höhe! Friede auf Erden, auf Erden! Und den Menschen ein Wohlgefallen. Amen. Amen.« (EG 26; LJ 34)
2. Hirte:	Ach so, unsere Geschenke!
3. Hirte:	Damit ihr was habt, für die nächste Zeit.
4. Hirte:	Wir machen uns wieder auf zu unseren Tieren. Wir haben gesehen, was wir wollten. Lebt wohl.

(Die Hirten gehen ab. Maria und Josef können bis zum Schluss bleiben.)

MARIA:	Ja, Josef, das war unheimlich wichtig für mich, dass diese Männer da waren. Ich war ja auch so unsicher damals noch. Ich wusste ja nicht, wie das bei anderen Frauen war. Oder ob das bei jedem Kind so wäre. Was diese Männer gesagt haben, habe ich nie vergessen. Genau, wie ich das mit dem Engel nie vergessen habe. Und es hat mir die Kraft gegeben, das zu ertragen, was aus unserem Jungen wurde. In manchem so normal, in manchem so anders. Als er z.B. da im Tempel mit den Theologen diskutierte, mit 12 Jahren – weißt du noch?! Und als er Wanderprediger wurde, das hast du ja noch miterlebt, oder? Unser Junge, so ein begabter Mensch! Mit heilenden Kräften! Mit Vollmacht. Und dann dieser sinnlose Tod! Aber ich bin den Eindruck nie losgeworden, dass da ein anderer Regie führte. Unser Junge hat ja immer von Gott als seinem Vater gesprochen. Ich denke mir, Gott wollte sich in Jesus verwirklichen. Er wollte uns Menschen nahe sein. Und das ist bestimmt das, was die Hirten sagten

von dem »Heiland«. Heiland ist, dass Gott uns nahe ist. Weißt du, deswegen habe ich mich auch den Freunden von unserem Jungen angeschlossen. Die behaupten ja, er lebt. Gesehen habe ich ihn nicht. Aber ich habe da so die Eingebung, dass das stimmt. Und auf meine Eingebungen kann ich mich irgendwie doch verlassen.

Mein lieber Josef, ich mache nun Schluss. Die Gegenwart holt mich wieder ein. Gehab dich wohl, wo auch immer du jetzt bist. Deine Maria

Die Weihnachtsgeschichte – mit Kerzen erzählt

Irmgard Tromm

Vorbemerkungen:

Die nachfolgende Erzähl- und Gestaltungsidee kann in einem Kindergottesdienst oder einer Weihnachtsandacht verwendet werden. Damit alle das entstehende Bild mit den Kerzen sehen können, darf die Gruppe der Gottesdienstbesucher nicht zu groß sein.
Neben einem Erzähler oder einer Erzählerin braucht es gegebenenfalls einen oder mehrere Assistenten, die die Kerzen anzünden und führen. Das Arrangement der Kerzen soll ein schönes Gesamtbild werden, deshalb muss die Anordnung vorher entsprechend den lokalen Gegebenheiten gut überlegt werden. Der Funke der Weihnachtsbotschaft soll buchstäblich auf die Teilnehmer/innen überspringen.

Seit uralten Zeiten gab es Menschen, die versuchten, dem Wesen Gottes auf die Spur zu kommen. Die Menschen wollten sich Gott vorstellen können. Deshalb haben sie von Gott in Bildern gesprochen.

Sie sagten zum Beispiel, Gott ist wie ein Licht, das alles hell macht, was vorher dunkel war. Deshalb habe ich hier eine große Kerze, die ich die Gotteskerze nennen möchte. Sie wird jetzt angezündet und brennt die ganze Zeit.

(Eine lange, dünne Kerze wird angezündet.)

Die ganze Geschichte fing damit an, dass Kaiser Augustus in Rom eine Idee hatte.

(Nimmt eine große dicke, rote Kerze als Augustuskerze.)

Er brauchte Geld und die Leute sollten Steuern zahlen. Dazu mussten im ganzen römischen Reich alle Menschen in Steuerlisten eingetragen werden.

Augustus dachte, es wäre seine Idee. Er wusste nicht, dass Gott hinter allem steht, was die Menschen tun und denken.

(Währenddessen wird die Augustuskerze an der Gotteskerze angezündet und in genügedemAbstand links von ihr auf einen hohen Ständer gestellt.)

Augustus regierte auch über das Land, in dem Jesus geboren werden sollte. Er hatte hohe Beamte eingesetzt. Sie passten auf, dass alles so gemacht wurde, wie es der Kaiser befahl.

Ein solcher Mann war Cyrenius.

(Nimmt kleinere dicke, blaue Kerze und zündet sie an der Augustuskerze an. Sie wird vor die Augustuskerze gestellt.)

Er musste dafür sorgen, dass die Aufstellung der Steuerlisten durchgeführt wurde. Der Befehl des Kaisers lautete, dass alle Leute in den Ort gehen mussten, aus dem sie herstammten.

So kam es, dass viele Leute unterwegs waren, um vor den Steuerbeamten zu erscheinen. Auch Maria und Josef aus Nazareth machten sich deshalb auf den Weg.

(Eine dünne blaue Kerze für Maria und eine dünne braune Kerze für Josef werden an der Augustuskerze vorbei bis zur Gotteskerze geführt, dort angezündet und vor ihr hingestellt.)

Sie mussten nach Bethlehem, weil Josef von dort herstammte. Für Maria war die Reise ziemlich beschwerlich. Denn sie erwartete ein Baby und zwar schon bald.

In Bethlehem fanden Maria und Josef aber keinen Platz. Alle Herbergen waren von den vielen Menschen schon überfüllt. Die beiden waren schließlich froh, dass sie wenigstens ein Dach über dem Kopf hatten und gaben sich mit einem Stall zufrieden.

(Eine Osterkerze wird als Symbol für Jesus an der Gotteskerze angezündet.)

Als ihr Kind zur Welt kam, machte Maria natürlich das, was man mit jedem neugeborenen Baby tut. Sie nahm die Windeln, die sie mitgebracht hatte, und wickelte ihr Kind darin ein. Weil in dem Stall kein Kinderbett stand, legte Maria das Baby in eine Futterkrippe, in der etwas weiches Stroh war.

So war also das Christkind, Jesus, der Heiland geboren, mit dem das Licht Gottes nun auf der Welt war.

(Die Osterkerze wird vor die Kerzen von Maria und Josef hingestellt.)

Jetzt konnten die Menschen etwas von Gott sehen. Wer das Christkind anschaut, wer Jesus sieht, der sieht auch Gott.

● Gemeindelied: »Zu Bethlehem geboren« (EG 32, 1+2; GL 140,1+2; Hal 43,1+2; LJ 37,1+2)

Zur gleichen Zeit waren außerhalb der Stadt Männer bei ihrer Arbeit. Sie passten auf die Schafe ihrer Herren auf. Es waren Hirten.

(Vier kleine braune Kerzen werden zwischen der Augustuskerze und der Gotteskerze aufgestellt. Sie stehen auf der Höhe der Kerzen, die für Cyrenius und für Maria und Josef aufgestellt wurden, damit die Kerze für den Verkündigungsengel nachher auf der Höhe der Augustus- und der Gotteskerze hinter die Hirten gestellt werden kann. Sie werden noch nicht angezündet.)

Sie hatten zur Nacht die Tiere zusammengetrieben, damit sie in der Dunkelheit besser auf sie Acht geben konnten. Einer nach dem anderen hielt Wache, die anderen schliefen.

Plötzlich passierte etwas, was die Hirten noch nie erlebt hatten. Mitten in der Nacht wurde es ganz hell.

(Eine große dünne, weiße Kerze wird an der Gotteskerze entzündet und hinter die Kerzen der Hirten gestellt.)

Der Hirte, der gerade Wache hielt erschrak und schrie fürchterlich. Die anderen wachten auf und waren von dem Licht des Engels wie geblendet.

Dann hörten sie eine laute, aber ganz freundliche Stimme. Der Engel sprach zu ihnen: »Ihr braucht keine Angst zu haben. Im Gegenteil – ihr sollt euch freuen. Heute ist nämlich ein Kind geboren. Es wird die Welt heil machen. Gott hat es zu den Menschen geschickt. Mit diesem Kind kommt Gott selbst zu euch.

Die Hirten konnten das alles nur schwer begreifen: Ein Kind sollte die Welt heil machen, in einem Kind sollte Gott selbst zu sehen sein? Aber was dann der Engel noch zu ihnen sagte, das war ganz klar und leicht zu verstehen. Es waren drei Dinge: Sie würden ein Kind finden. Es würde in Windeln gewickelt sein. Es läge in einer Futterkrippe in einem Stall.

Und plötzlich war da nicht nur ein Bote Gottes. Auf einmal waren da viele Engel.

(Weitere kleinere weiße Kerzen werden links und rechts neben die Kerze des Verkündigungsengels – im Halbkreis um die Hirten – gestellt. Dabei wird die erste der kleinen Engelskerzen an der großen Kerze des Verkündigungsengels angezündet und dann bei den folgenden Worten immer eine kleine Kerze an der anderen.)

Die gute Botschaft ging von einem zum anderen. Man hörte überall und von allen Seiten, dass mit dieser Geburt des Kindes im Stall etwas ganz Neues begann: für Gott zur Ehre, für die Menschen zum Frieden. Durch diese Freudenbotschaft wurde es bei den Hirten noch heller als vorher.

● Gemeindelied:»Kommet, ihr Hirten« (EG 48, 1+3; Hal 117,1+3; LJ 47,1+3)
 oder»Nun freut euch, ihr Christen« (GL 143,1+2)

Dann waren die Engel wieder verschwunden.

(Die Kerzen der Engel von den Hirten wegnehmen und bei der Gotteskerze aufstellen.)

Die Hirten hatten in dem Licht gar nicht so genau sehen können, wie die Boten Gottes aussahen. Das war ihnen auch gar nicht wichtig. Aber was sie gesagt hatten, das hatten sie sich genau gemerkt. Deshalb wollten sie ganz schnell nach Bethlehem gehen und den Stall suchen, in dem das neugeborene Kind liegen sollte.

Wenn man so sucht wie die Hirten und nicht lange überlegt, dann findet man auch. Die Hirten liefen in großer Eile nach Bethlehem.

(Die Kerzen der Hirten werden nach rechts zur Jesuskerze bewegt. Bei den folgenden Worten werden sie an der Osterkerze angezündet und vor ihr abgestellt.)

Sie fanden Maria und Josef und das Kind, wie es der Engel gesagt hatte. Da wurde es vor lauter Freude ganz hell in ihren Herzen.

Als die Hirten das Christkind gefunden und angeschaut hatten, wollten sie ihre große Freude nicht für sich behalten.

(Die Kerzen der Hirten werden von der Osterkerze aus weiter nach vorne in den Raum gestellt. Für die Leuten, denen sie die frohe Botschaft weitererzählen werden kleine Teelichter bei ihnen aufgestellt.)

Sie mussten allen Leuten, denen sie begegneten, davon erzählen, dass der Heiland geboren war. Sie erzählten von der Botschaft der Engel und vom Kind im Stall.

Und die Menschen, die sonst nicht viel von den Hirten hielten und ihre Worten wenig Glauben schenkten, hörten ihnen erstaunt zu und wunderten sich über ihre Erzählungen.

(Die Hälfte der Teelichter an den Hirtenkerzen anzünden.)

Und weil sie sich von den Hirten etwas sagen ließen, weil sie ihren Worten Glauben schenkten, fing es auch bei ihnen an, hell zu werden. Sie lobten Gott.

Die Männer kehrten zu ihrer Arbeit zurück. Sie waren ganz verändert. Sie erzählten laut, was sie wussten. Sie warteten nicht erst lange, was die Leute sagten oder ob sie ihnen glaubten. Sie sagten es einfach weiter und das überall, wo sie vorbeikamen.

(Die andere Hälfte der Teelichter ebenfalls anzünden.)

Und so ist das Licht von der Krippe bis heute unterwegs, bis zu uns. Es macht die Menschen, die daran glauben, hell und fröhlich.

● Gemeindelied: »Ich steh an deiner Krippen hier« (EG 37; GL 141; Hal 86; LJ 42)

(Während dieses Lied gesungen wird kann jeder an den Teelichtern eine kleine Kerze oder ein Teelicht für sich anzünden.)

II. Seht den Stern!

Ein heller Stern

Anke Dittmann

Vorbemerkungen:

Viele Gemeinden suchen einfache Krippenspiele für den Gottesdienst am Heiligabend. Es sollen nicht zu viele Sprecherrollen sein. Die Texte sollen leicht zu lernen und auch für Kinder im Kindergartenalter verständlich sein. Dieses Stück erfüllt diese Kriterien. Es wurde passend zu dem Lied „Ein heller Stern" von Detlev Jöcker gestaltet.

Mitspielen können Kinder unterschiedlicher Altersgruppen. Die „Hauptperson" ist der Stern von Bethlehem, der die Geschichte einem Kind erzählt, das auf der Suche nach der Weihnachtsbotschaft ist.

Es müssen keine Texte auswendig gelernt werden. Der Sprecher oder die Sprecherin des Sterns ist hinter einem Kulissenbild versteckt, das den Stern von Bethlehem zeigt. Bei der Aufführung wurden die Strophen des Liedes von einem Kinderchor gesungen. Beim Refrain sangen dann alle Kinder, die das Stück spielten, mit.

Durch eine entsprechende räumliche Anordnung der Spielerinnen und Spieler und eine Anzahl von Mikrophonen wurde dafür gesorgt, dass alle Gottesdienstbesucher gut sehen und hören konnten (siehe Skizze). Die Lichtführung kann mit Strahlern besonders gut von einer Empore aus gesteuert werden.

Die Erzählung des Sterns muss mit entsprechenden Pausen auf den Spielverlauf abgestimmt werden.

Spieler/innen:

Kind
Stern
Augustus
Maria
Hirten
Verkündigungsengel
Engel
Drei Könige

(Nur das Kind,
der Stern und der
Verkündigungs-
engel sind
Sprecherrollen.)

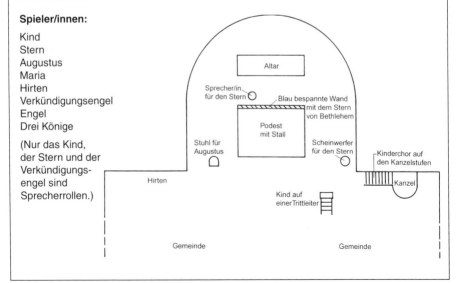

(Alle Spielerinnen und Spieler haben zu Beginn des Spiels bereits ihren Platz eingenommen. Der Altarraum ist abgedunkelt. Nur das Kind wird angestrahlt. Es steht mit einem Fernrohr auf einer Leiter.)

Kind: Es ist eine besondere Nacht heute, Heilige Nacht. Wir feiern den Geburtstag von Jesus. Gern würde ich mehr von dem wissen, was da geschah. Darum suche ich nun den Weihnachtsstern. So vielen Menschen hat er schon den Weg nach Bethlehem gewiesen. Mit meinem Fernrohr werde ich ihn hoffentlich entdecken. (Schaut mit dem Rohr vor dem Auge umher.)

(Licht richtet sich auf das Bild des Weihnachtssterns. Er hat ein Gesicht aufgemalt.)

Stern: Und ich habe gesehen, wie du mich gesucht hast, mich, den Stern von Bethlehem. Ich will dir erzählen, was damals geschah in der Heiligen Nacht. Hör gut zu, dass du es nicht vergisst. Damals herrschte der Kaiser Augustus.

(Steht im Altarraum auf der linken Seite auf einem Stuhl. Er wird jetzt angestrahlt.)

Er war der mächtigste Mann der Welt. Er brauchte viel Geld und wollte deshalb mehr Steuern. Darum musste sich jeder im Land in seinem Geburtsort in Steuerlisten eintragen.

(Licht auf Augustus aus. Dann werden Maria und Josef angestrahlt, die langsam nach vorne zur Mitte kommen.)

Da mussten sich auch Maria und Josef auf den Weg machen. Sie wohnten in Nazareth und mussten nun nach Bethlehem. Dort war Josef geboren. Es war ein beschwerlicher Weg für sie, denn Maria war schwanger. Das Kind sollte bald geboren werden. Als sie Bethlehem erreichten, war es so voll in der Stadt, dass sie nur in einem Stall Unterkunft fanden.

(Maria und Josef gehen auf das Podest zum Stall.)

Und in diesem Stall wurde das Kind geboren.

(Maria nimmt die Puppe in den Arm.)

Und Maria und Josef nannten ihr Kind Jesus. Sie legten Jesus in die Futterkrippe.

(Maria legt die Puppe in die Krippe. Josef deckt sie mit etwas Stroh zu.)

Und mir gab Gott den Auftrag, zu diesem Stall zu ziehen. Dort sollte ich mit meinem Sternenlicht wachen und allen Menschen den Weg dorthin weisen. Denn dieses Kind war ein besonderes Kind. »Dies Kind soll mein Sohn sein«, sagte mir Gott. »Mit diesem Kind will ich den Menschen meine Liebe zeigen.« So bin ich zum Stall gezogen und der Stern von Bethlehem geworden.

Ein heller Stern hat in der Nacht

1. Ein hel - ler Stern hat in der Nacht die Bot-schaft in die
Welt ge - bracht. Ein hel - ler Stern hat in der Nacht die
Bot - schaft in die Welt ge - bracht. Glo - ri - a! Glo - ri - a!
Hal - le - lu - ja. Glo - ri - a! Glo - ri - a! Hal - le - lu - ja. le - lu - ja.

2. Die Engel haben auf dem Feld
den Hirten es zuerst erzählt.
Gloria! Gloria! Halleluja.

3. Die Hirten ließen alles stehn,
um zu dem Kind im Stall zu gehen.
Gloria! Gloria! Halleluja.

4. Maria wusste es lange schon:
Das Kind im Stroh ist Gottes Sohn.
Gloria! Gloria! Halleluja

5. Und Josef auch, der Zimmermann,
nimmt dieses Kind in Liebe an.
Gloria! Gloria! Halleluja.

6. Der helle Stern hat in der Nacht
die Könige zum Stall gebracht.
Gloria! Gloria! Halleluja.

7. So wissen alle nun davon:
Gott schenkt uns seinen eignen Sohn.
Gloria! Gloria! Halleluja.

8. Drum freut euch all, ihr lieben Leut'!
Dankt Gott und feiert Weihnacht heut'.
Gloria! Gloria! Halleluja.

Text: Rolf Krenzer, Musik: Detlev Jöcker. Aus: MC und Liedheft »Heute leuchten alle Sterne«
Alle Rechte im Menschenkinder Verlag, 48157 Münster

Kind:	Und haben die Menschen dein Licht gesehen und sind so zur Krippe gekommen?
Stern:	Warte ab, die Geschichte der Heiligen Nacht geht noch weiter. Gott wollte, dass die armen Menschen die frohe Botschaft zuerst erfahren. So schickte er seine Engel auf die Felder zu den Hirten. *(Die Hirten sitzen auf dem Feld bei ihrem Feuer. Hinter ihnen kann als Kulisse ein Bild der Landschaft und Schafe gemalt sein. Sie werden jetzt angestrahlt.)* Zuerst kam der Verkündigungsengel. *(Ein Engel tritt bei den Hirten auf. Er wird angestrahlt. Die Hirten springen erschrocken auf.)* Die Hirten erschraken, doch der Engel beruhigte sie.
Engel:	Fürchtet euch nicht. Ich bringe euch eine gute Nachricht. Der Retter ist heute geboren. Geht nach Bethlehem. Dort werdet ihr das Kind in einer Krippe finden.
Stern:	Nachdem der Engel dies gesagt hatte, kamen viele andere Engel und sangen zum Lob Gottes. *(Viele Engel kommen von überall und bilden einen Kreis um die Hirten. Sie bleiben bei der folgenden Liedstrophe stehen und verschwinden dann wieder.)*
● Lied:	»Ein heller Stern hat in der Nacht« (2. Strophe)
Kind:	Sind die Hirten dann nach Bethlehem gegangen?
Stern:	Ja, sie haben alles stehen und liegen lassen. Sie haben sich gleich auf den Weg gemacht. *(Die Hirten gehen vom Feld zum Stall.)* Und da ich genau über dem Stall stand, haben sie Jesus schnell gefunden.
● Lied:	»Ein heller Stern hat in der Nacht« (3. Strophe)
Kind:	Sind noch mehr Menschen damals zum Stall gekommen?
Stern:	Ja, hör gut zu, wie es weitergeht. Es gab drei Könige aus fernem Land, die so wie du ein Zeichen am Himmel gesucht haben. Und sie haben mich gesehen und sich auf den Weg gemacht. *(Die Könige kommen von hinten ins Kirchenschiff mit Fernrohren in der Hand. Sie werden auf ihrem Weg von einem Scheinwerfer angestrahlt.)* Denn in den Büchern haben sie gelesen, dass mein Licht sie zu einem König führt. Zuerst haben sie an der falschen Stelle

gesucht, nämlich beim König in Jerusalem. Aber dann sind sie zum Stall gekommen.

(Die Könige haben inzwischen den Altarraum erreicht.)

Und sie haben Geschenke mitgebracht, wertvolle Geschenke wie für einen großen König.

(Die Könige legen vor der Krippe ihre Geschenke ab.)

● Lied: »Ein heller Stern hat in der Nacht« (6. Strophe)

Kind: Wie haben denn alle anderen Menschen von diesem Kind, von Jesus erfahren?

Stern: Die Hirten und Könige verließen den Stall wieder und erzählten überall auf der Welt, dass Gott uns jetzt nahe ist in diesem Kind, dass uns der Retter geboren ist.

(Hirten und Könige gehen vom Stall weg und verteilen sich im Gottesdienstraum.)

Und viele glaubten ihnen und erzählten dies weiter.

Kind: So haben alle Menschen davon erfahren.

Stern: Ja, aber manchmal wird es unter den Menschen heute vergessen, von Jesus und Gott zu erzählen. Darum habe ich dir heute davon berichtet. Vergiss es nicht und erzähle es weiter. Die Menschen brauchen diese frohe Botschaft. Sie brauchen die Liebe Gottes in der Welt.

Kind: Ich danke dir, lieber Stern von Bethlehem. Ich will es nicht vergessen und anderen davon erzählen.

(Wendet sich der Gemeinde zu.)

● Lied: »Ein heller Stern hat in der Nacht« (7. Strophe)

(Alle Kinder, die mitgespielt haben, kommen vor der Gemeinde zusammen und singen:)

● Lied: »Ein heller Stern hat in der Nacht« (8. Strophe)

Das Drei-Königs-Spiel

Berta Winter

Vorbemerkungen:

Das Spiel ist für den geeignet, der ein Stück mit großer Besetzung (z.b. für eine Schulkasse) sucht und die Zeit für das Lernen längerer Texte und entsprechende Proben aufwenden kann. Bei den Spieler/innen ist nicht an ein Alter unter 10 Jahren zu denken. Inhaltlich ist es zu den klassisch aufbereiteten Krippenspielen zu rechnen. Es konzentriert sich vor allem auf die Erzählung der Weihnachtsgeschichte nach Matthäus. Vom Verständnis der Texte setzt es voraus, dass noch ein relativ homogenes kirchliches Umfeld vorhanden ist. Da das Stück recht originell ausgeführt ist, kann die Aufführung unter diesen Voraussetzungen sicher eine sehr gute und bewegende Sache sein.

Spieler/innen: Caspar (ein alter Mann)
Melchior (ein Mann im mittleren Alter)
Balthasar (ein junger Mann, nach alter Tradition als Könige gekleidet)
Hirte Simon
Mutter des Hirten
Drei Schriftgelehrte:
– 1. Schriftgelehrter (hochmütig)
– 2. Schriftgelehrter (fromm und bibelfest)
– 3. Schriftgelehrter (enttäuscht, resigniert)
König Herodes
Erster Diener
Zweiter Diener
Maria mit Kind (große Puppe)
Josef
Mutter Anna
Frauen, Männer und Kinder aus Bethlehem (zur Anbetung)
Psalmist
Jesaja

Vorrede:

Unser Spiel geht von der Geburtsgeschichte Jesu aus wie sie uns der Evangelist Matthäus überliefert hat: Da Jesus geboren war in Bethlehem in Judäa, siehe da kamen Weise aus dem Morgenland nach Jerusalem.

Diese weisen Magier, die sich sowohl der Sternkunde, der Astronomie, als auch der Sterndeutung, der Astrologie, verschrieben hatten, glaubten beim Erscheinen des neuen Sterns so fest an die Geburt eines großen Königs, dass sie ihre Heimat verließen und sich aufmachten, dem neuen König zu huldigen. Sie reisten in einer großen Karawane durch die Wüste, von einer Oase zur anderen. Wahrscheinlich waren sie immer während der Nacht unterwegs, damit sie ihren Stern vor sich hatten. In der brütenden Hitze des Tages schliefen sie in ihren Zelten.

Dass die Weisen aus dem Morgenland – wahrscheinlich aus dem sagenumwobenen Königreich Saba in Südarabien – in der altchristlichen Tradition zu Königen wurden, kommt wohl von den königlichen Geschenken her, die sie mitbrachten. Es kann aber auch ein Hinweis auf die Erfüllung der alttestamentlichen Weissagungen sein, die wir nachher vom Psalmisten und von Jesaja hören werden.

Wir beginnen nun unser Spiel. Die drei Könige haben ihren Tross und ihre Begleiter in der nahe gelegenen Karawanserei zurückgelassen und laufen durch die Straßen von Jerusalem.

1. SZENE: **In den Straßen von Jerusalem**

(Die Mitte der Bühne ist leer. Auf der rechten Seite sitzt der Psalmist, auf der linken der Prophet Jesaja. Zunächst wird das Lied »Die Könige« von Peter Cornelius von der Orgel gespielt und von einem Solisten gesungen.)

Lied: **Die Könige** *(Noten siehe rechte Seite ff.)*

                   Verse:

                   2. Und hell erglänzet des Sternes Schein;
                   zum Stalle gehen die Kön'ge ein;
                   das Knäblein schauen sie wonniglich,
                   anbetend neigen die Kön'ge sich.
                   Sie bringen Weihrauch Myrrhen und Gold
                   zum Opfer dar dem Knäblein hold.

                   3. O Menschenkind, halte treulich Schritt!
                   die Kön'ge wandern, o, wandre mit!
                   Der Stern der Liebe, der Gnade Stern
                   erhelle dein Ziel, so du suchst den Herrn,
                   und fehlen Weihrauch, Myrrhen und Gold,
                   schenke dein Herz dem Knäblein hold!
                   Schenk' ihm dein Herz!

Lied und Satz von Peter Cornelius, 1859
Abdruck mit Genehmigung von
C.F. Peters Musikverlag, Frankfurt/M

Langsam, der begleitende Choral sehr breit

Drei Kön'-ge wan - dern aus Mor-gen - land; ein Stern-lein führt sie zum Jor - dan-strand. In Ju - da fra - gen und for - schen die Drei, wo der neu - ge - bo - re - ne Kö - nig — sei. Sie wol - len Weih-rauch, Myr-rhen und Gold dem Kin-de — spen - den zum Op-fer - sold. Und hell er -

glän - zet des Ster - nes Schein; zum Stal - le ge - hen die

Kön' - ge ein; das Knäb - lein schau - en sie won - nig - lich, an - be - tend

nei - gen die Kön' - ge sich; sie brin - gen Weih - rauch, Myr - rhen und

Gold zum Op - fer dar dem Knäb - lein hold. O Men - schen - kind,

hal - te treu - lich Schritt! Die Kön'-ge wan - dern,＿ o wan-dre mit!

Der Stern der Lie-be, der Gna - de Stern er-hel-le dein Ziel, so du suchst den

p etwas bewegter werdend

Herrn, und feh - len Weih - rauch,＿ Myr - rhen und Gold, schen - ke dein

rit. *a tempo* *cresc.*

Herz＿ dem＿ Knäb-lein＿ hold! Schenk ihm dein Herz!

f *p*

(Während dieses Musikstücks wandern die drei Könige durch das Kirchen-schiff und kommen am Ende des Liedes auf der Spielfläche an. Sie schauen sich suchend um. Von der rechten Seite kommt der Hirte Simon mit seiner Mutter. Sie hat ein Stück feinen Leinenstoffs über ihren Arm gelegt, um es dem Kind im Stall zu bringen.)

Hirte Simon: Da schau, liebe Mutter, drei fremde, edle Herren sehen sich suchend um. Sicher werden sie uns ansprechen.
(Simon und seine Mutter bleiben stehen und erwarten die Anrede der Könige.)

Caspar: Sind wir hier richtig auf dem Weg zum Palast des Königs Herodes?

Simon: Ja, ihr könnt ihn dort schon sehen.
(Er deutet in die Richtung des Palastes.)

Melchior: Wir hörten, dass hier ein königliches Kind geboren wurde? Wir haben seinen Stern gesehen und kommen nun, um ihm zu huldigen.

Simon: Leider haben wir davon noch nichts gehört.
(Er schaut sich um, ob ihnen niemand zuhören kann, dann sagt er zu den Königen leise.)

Ein Kind im Königshaus? Das ist kaum möglich. König Herodes hat im Laufe seiner Regierungszeit fast seine ganze Familie ausgerottet und verbannt. Aus lauter Angst, es könnte ein anderer mächtiger werden als er oder jemand könnte ihm den Thron streitig machen.
(Er sieht seine Mutter an.)

Mutter: Vielleicht meinen die fremden Herren das himmlische Kind, das in der Krippe liegt?

Balthasar: *(gespannt und überrascht)* Ein himmlisches Kind? Und in einer Krippe?

Simon: *(lebhaft)* Da kommen die Herren schon und wollen das Kind in der Krippe begrüßen!
Vor einiger Zeit, wir waren auf dem Feld und hüteten des Nachts unsere Herde. Da tat sich plötzlich der Himmel über uns auf und die Klarheit des Herrn, unseres Gottes, leuchtete um uns und wir fürchteten uns sehr. Ein einzelner Engel sprach zu uns: »Fürchtet euch nicht, denn sieh ich verkündige euch große Freude, die allem Volk widerfahren wird, denn euch ist heute der Heiland geboren, welcher ist Christus der Herr in der Stadt Davids. Und das habt zum Zeichen: Ihr werdet

ihn finden in Windeln gewickelt und in einer Krippe liegend.« Und plötzlich war ein großer Engelchor zu hören. Sie sangen: »Ehre sei Gott in der Höhe und Friede auf Erden und den Menschen ein Wohlgefallen.« Als der Himmel sich dann wieder schloss und alles dunkel war, da sagten wir zueinander: »Lasst uns nun gehen und sehen was da in Bethlehem geschehen ist, was uns die Engel berichtet haben.« Und die Hälfte von uns Hirten zog noch in der Nacht dorthin, bis wir das Kind fanden. Und nun erzählen wir allen, was für eine große Freudenbotschaft zu uns gesagt wurde, die allem Volk gilt. Dann habe ich auch meine Mutter geholt, dass auch sie kommt und sich alles anschauen kann.

Mutter: *(schüttelt den Kopf)* Ein neugeborenen Kind in einer Futterkrippe, da muss die Armut sehr groß sein. Wir sind zwar auch arme Leute, aber ein Kind findet doch normalerweise ein Körbchen vor, in das es gelegt wird, wenn es solange erwartet ist. So habe ich wenigstens feines Leinen mitgenommen, damit man das Kind reichlich einwickeln kann und es nicht frieren muss.

(Die Könige beratschlagen miteinander über das, was ihnen die beiden erzählt hatten. Dann spricht Melchior.)

Melchior: Wegen eines armen Kindleins erscheint doch kein großer Stern mit Schweif am Firmament. Nein, nein, das wird ein anderes Kind sein.

Balthasar: Habt Dank, ihr lieben Leute, wir wollen doch lieber im Königsschloss nachfragen. Dort wird man uns schon zu dem richtigen Kind bringen.

(Die Könige verabschieden sich. Der Hirte und seine Mutter und die Könige gehen nach verschiedenen Richtungen ab. Umbau der Bühne. Während dessen tritt der Prophet Jesaja auf und liest Jes 60,3+6 vor.)

2. Szene: Audienz bei Herodes

(König Herodes sitzt gelangweilt auf seinem Thron. Er hält einen Becher in der Hand. Ein Diener gießt ihm gerade aus einer Karaffe Wein nach und stellt sie dann wieder auf einem kleinen Tischchen ab. Da wird die Tür geöffnet und ein zweiter Diener tritt ein. Er verbeugt sich ehrerbietig.)

2. Diener: Darf ich Eure Majestät stören? Es sind Gäste angekommen. Es scheinen vornehme Herren zu sein, die von weit her gereist sind.

Herodes: *(gähnt)* Eigentlich wollte ich gleich zu meinen Tänzerinnen gehen.

Fremde Gäste? Es haben sich doch gar keine angemeldet. Sage ihnen, sie sollen morgen kommen.
(Der Diener geht mit tiefer Verbeugung ab. Herodes trinkt seinen Wein leer. Der Diener kommt dann wieder zurück.)

2. Diener: Die Fremden lassen sich nicht abweisen. Sie fragen nach dem neugeborenen Königskind, das in Juda zu finden sein müsse.

Herodes: *(erschrickt)* Ein Königskind soll geboren sein?

2. Diener: Ja, sie werden es Euch selbst erzählen, Majestät. Sie sind eigens aus dem Königreich Saba aufgebrochen, um dem Kind zu huldigen.

Herodes: *(springt auf)* Aus Saba? Sind es Kundschafter, Spione?
(Er stellt seinen Becher auf dem Tischchen ab.)

2. Diener: Nein, es sind Könige!

Herodes: Könige? *(Er läuft auf und ab.)* Lass sie herein kommen.
(Er nimmt wieder auf seinem Thron Platz. Der Diener geht ab.)

(Caspar, Melchior und Balthasar betreten mit dem Diener nach kurzer Zeit den Raum. Sie verbeugen sich vor Herodes tief und erwarten in gebückter Haltung die Anrede des Königs. Herodes mustert die Könige mit misstrauischer Miene.)

Herodes: *(nicht sehr freundlich)* Was soll dieser unerwartete Besuch? Hättet ihr nicht einen Herold voraussenden können?

Caspar: Seid gegrüßt, Majestät, und verzeiht, dass wir so unerwartet ankamen. Doch unser Weg war sehr weit.

Melchior: Wir mussten nachts wandern, um die Richtung nicht zu verlieren.

Herodes: Nachts....wegen einer Richtung?

Balthasar: Ein großer, prächtiger Stern war am Himmel aufgegangen und hat uns den Weg hierher gezeigt. Wir konnten nur ahnen, dass uns der Stern ins jüdische Land führt. So sind wir gestern hierher gekommen. Doch leider sehen wir den Stern seitdem nicht mehr. Wir wollen deshalb in Jerusalem fragen, wo das Kind geboren ist.

Herodes: Welches Kind?

Caspar: Verzeiht, dass wir es Euch nicht deutlich genug gesagt haben: Wir sind weise Männer und erforschen den Sternenhimmel.

Nun ist ein neuer Stern aufgegangen. Dies bedeutet, dass irgendwo ein Herrscher geboren wurde, der die ganze Welt regieren soll.

(Herodes erschrickt und springt von seinem Thron auf.)

Herodes: *(mit lauter Stimme)* Hier gibt es nur einen Herrscher und das bin ich!

Melchior: Aber habt Ihr noch nie von einer Weissagung gehört, dass ein großer König kommen soll: Es wird ein Stern aus Jakob aufgehen und ein Szepter aus Israel?

Balthasar: Kam diese Weissagung nicht sogar aus Eurem Volk?

Herodes: *(winkt ab)* Ich kümmere mich nicht um Weissagungen. Dazu sind die Schriftgelehrten da. Die haben ja nichts anderes zu tun, als in alten Schriftrollen zu lesen. Wenn ihr das glauben wollt, was sie Euch verkünden, meinetwegen. Ich halte nichts davon. Aber ich lasse sie Euch rufen.

(spricht den 1. Diener an)

Jonas, geleite mich zu meinen Tänzerinnen.

(Im Weggehen spricht er leise zu seinem Diener.)

Und schicke dann zu diesen angeblichen Königen die Schriftgelehrten des Hofes.

(Gähnt nochmals laut vor Langeweile und geht mit dem Diener ab.)

3. SZENE: **Die Schriftgelehrten und die Könige**

(Die drei Könige stecken die Köpfe zusammen und wundern sich deutlich sichtbar über den unfreundlichen Empfang durch Herodes, dass Ihnen noch keine Sitzplätze angeboten wurden. Währenddessen tritt der Psalmist auf und liest vom Psalm 72 die Verse 10 und 11.
Dann kommen Diener herein und legen Sitzkissen für die Könige und Schriftgelehrten aus. Die drei Schriftgelehrten treten auf. Sie begrüßen sich höflich distanziert.)

1. Schriftgelehrter: *(hochmütig)* Was soll das? Jetzt um die neunte Stunde noch eine Auslegung der Heiligen Schrift! – Wo kommt ihr her und was ist euer Begehr?

Caspar: Wir suchen den König der Juden, der vor etlichen Wochen hier geboren sein muss. Seine Geburt wurde uns durch einen Stern angekündigt, dem wir bis hierher gefolgt sind. Doch hier scheint niemand etwas davon zu wissen.

Balthasar: So hat vielleicht doch der Hirte und seine Mutter recht, die uns von einem himmlischen Kind berichtet haben.

1. Schriftgelehrter:

(verächtlich) Ein Hirte und eine Frau sollen etwas von einem himmlischen Kind wissen? – Hirten sind doch ungebildet. Sie können weder lesen noch schreiben. Würfelspiel, Trinken und Schlafen, das sind ihre Lebensinhalte. Und eine Frau? Die kann viel sagen, niemand wird ihr glauben. Sie hat ihre Gedanken nur bei ihren Kochtöpfen. Was eine Frau sagt, das hat gar nichts zu bedeuten.

2. Schriftgelehrter:

(versucht seinen Kollegen zu belehren, trägt eine Schriftrolle in der Hand)

Aber, Tobias, wie kannst du die Hirten so schlecht machen? Sie müssen mutig und sorgfältig sein. Sie beschützen die Lämmer und suchen die verlorenen Schafe. Erinnerst du dich nicht mehr an die Geschichte: Der Besitzer einer Schafherde musste sich einen Hirten mieten, weil ein anderer Hirte krank geworden war. Da kam der Wolf und der Mietling ist weggelaufen und hat die Schafe im Stich gelassen. Der Wolf hat etliche Tiere gerissen. Diesem Mietling war sein verantwortungsvoller Beruf gar nicht bewusst. Er war nicht treu bis zum Einsatz seines Lebens.

(wendet sich zu den Königen) Was hat der Hirte gesagt?

Balthasar: Er sprach von einem himmlischen Kind ...

2. Schriftgelehrter:

(unterbricht den König) Da siehst du, Tobias, wie glaubwürdig der Hirte ist: Die ganze Schrift ist voll von Prophezeiungen über ein himmlisches Kind, das uns alle erlösen soll. Dass die Hirten die Schrift nicht lesen und auslegen können, stimmt. Trotzdem wurden gerade sie gewürdigt, zuerst von diesem Kind zu hören. Vielleicht soll uns das ja auch sagen, dass diese einfachen Leute manchmal empfänglicher für die Botschaft Gottes sind als wir, die meinen über Gott genau Bescheid zu wissen.

Außerdem hat sich Gott selbst in der Schrift mit einem Hirten verglichen. Beim Propheten Jesaja lesen wir: »Er wird seine Herde weiden wie ein Hirte. Er wird die Lämmer in seinem Arm sammeln und im Bausch seines Gewandes tragen und die Mutterschafe führen.« (Jesaja 40,11)

(Der Psalmist tritt auf und spricht dazwischen von Psalm 23 die Verse 1-3.)

3. Schriftgelehrter:

(resigniert) Was soll das alles, dieses Warten auf den Erlöser, den Messias. Schon mein Großvater und mein Vater haben nach Zeichen gesucht, ob nicht bald die Zeit erfüllt sei und der Heiland komme, aber sie sind alle enttäuscht worden. Vielleicht ist das alles nur ein schönes Märchen. Bis jetzt haben wir ja nur die Aussage der Hirten.

2. Schriftgelehrter:

Oh, nein, der Prophet Micha ...

3. Schriftgelehrter:

(unterbricht) Ach das war doch vor 700 Jahren!

2. Schriftgelehrter:

Der Prophet Micha schreibt: »Und du Bethlehem, im jüdischen Lande bist mitnichten die kleinste unter den Städten in Juda, denn aus dir wird kommen der Fürst, der mein Volk Israel weiden soll.« (Micha 5,1)
Siehst du, Tobias, wieder der Vergleich mit dem Hirten. Und bei Jesaja lesen wir: »Uns ist ein Kind geboren, ein Sohn ist uns gegeben, und die Herrschaft ist auf seiner Schulter. Und er heißt Wunderbar-Rat, Kraft-Held, Ewig-Vater, Friede-Fürst!«

Melchior:

Welch schöne Namen das Kind hat!

Caspar:

Der Hirte hatte also doch recht.

Balthasar:

Und den Ort hat der Prophet auch gleich genannt. Wir werden uns noch heute aufmachen und dorthin gehen.

(Die Könige rüsten sich zum Aufbruch. Herodes kommt wieder herein. Er gähnt immer noch gelangweilt.)

Herodes:

Oh, ist alles schon im Aufbruch. Ich will die Schriftgelehrten auch gar nicht aufhalten. Haben sie etwas in ihren alten Schriften gefunden? *(Die Könige nicken.)* Dann ist es ja gut.

(Die Schriftgelehrten ziehen sich ehrerbietig zurück. Die Weisen wollen sich auch verabschieden, werden aber von Herodes noch zurückgehalten.)

Halt, liebe Männer, nun kommt das Wichtigste: Wie lange seid ihr unterwegs?

Melchior:

28 oder 30 Tage.

Herodes:

Seid ihr gleich nach dem Erscheinen des Stern aufgebrochen?

Caspar:	Nein, wir mussten erst die Reisevorbereitungen treffen, die Vorräte rüsten und die Karawane zusammenstellen.
Balthasar:	Vor 40 Tagen ist der Stern erschienen, wenn Ihr das genau wissen wollt.
Herodes:	Das ist eine klare Aussage. Wenn ihr das Kind gefunden habt, dann kommt bitte zu mir zurück und berichtet mir. Dann kann auch ich hingehen und dem neuen König huldigen. *(spöttisch)* Einem so großen König, der die ganze Welt regieren soll, möchte doch auch ich meine Aufwartung machen.
Melchior:	Wir werden zurückkommen und Bericht erstatten.

(Herodes geht mit den Gästen zur Tür und verabschiedet sie. Der Diener öffnet und lässt sie hinaus. Die Bühne wird umgestaltet. Inzwischen spricht der Psalmist die Worte in Psalm 72,15 u. 17.)

4. SZENE: **Im Stall von Bethlehem**

(Ein leeres Holzhaus, das bisher durch eine Leinwand verdeckt war, wird jetzt der Stall von Bethlehem. Maria sitzt mit dem Kind auf dem Schoß. Neben dem Stall stehen Dornstecken – abgeschnittene Schlehenstecken, die in große Blumentöpfe hineingesteckt sind. Mutter Anna breitet darüber gerade Windeln zum Trocknen aus. Josef packt unterdessen einen Arm voll Heu und legt es sorgfältig in der Krippe aus.
Da kommt der Hirte Simon mit der Mutter und einigen Leuten aus Bethlehem. Alle treten nacheinander vor Maria mit ihrem Kind. Sie bringen entweder Gaben oder singen unter leiser Orgelbegleitung jeweils einen Versteil von »Ich steh' an deiner Krippen hier«, EG 37; GL 141; Hal 86; LJ 42. Sie verbeugen sich jeweils und treten dann für den nächsten zur Seite. Dann ist die Anbetungsszene beendet. Der Hirte verabschiedet sich von seiner Mutter.)

Simon:	Ich muss jetzt wieder aufs Feld zu den Schafen.

(Geht weg, da sieht er die Könige kommen. Er wundert sich.)

Da kommen jetzt die edlen Herren aus Jerusalem auch noch an. *(Er geht weiter. Die Könige kommen langsam, suchend, bis Balthasar hocherfreut ruft:)*

Balthasar:	*(mit ausgestreckter Hand)* Hier ist ja wieder der Stern, unser Stern, ganz ruhig und leuchtend! Aber worüber steht er denn? Dies ist ja wahrhaftig kein Königsschloss, nicht einmal ein richtiges Haus. *(leise)* Oh, wie armselig! Da passen unsere Geschenke aber nicht dazu.

(Sie kommen aber trotzdem zum Stall. Jeder trägt sein Geschenk in der Hand und tritt vor die Krippe.)

Caspar: *(kniet nieder)* Gegrüßet seist du Wunderbar-Rat vom Ewig-Vater!
(Er legt sein Geschenk ab: ein Goldgefäß. Er bleibt aber knien. Melchior kniet daneben nieder.)

Melchior: Gegrüßet seist du Kraft-Held!
(Er legt sein Geschenk ab: ein irdenes Gefäß.)

Balthasar: *(kniet sich neben die beiden anderen)*
Gib uns deinen Frieden, du Friede-Fürst!
(Er legt eine viereckige Dose als Geschenk ab.)

(Die Könige bleiben in dieser anbetenden Haltung. Der Prophet Jesaja tritt auf und liest Kapitel 11 Vers 1 und 10.)

● **Gemeindelied:** »Es ist ein Ros entsprungen« (EG 30,1-3; GL 132,1-3; Hal 16,1-3; LJ 36,1-3; TG 353,1-3)
(Nach dem Lied gehen alle Personen ab. Der Stall wird wieder hinter der Leinwand versteckt.)

● **Gemeindelied:** »Gott, heilger Schöpfer aller Stern« (EG 3,1-3; GL 116,1-3)

5. SZENE: **Vor dem Aufbruch nach Ägypten**

(Am nächsten Morgen. Maria sitzt mit dem Kind auf dem Schoß. Hinter ihr steht Mutter Anna. Sie hält Maria in ihren Armen [Anna Selbtritt]. Maria singt den Lobgesang des Magnifikat mit leiser Orgelbegleitung. Mutter Anna oder auch ein Kinderchor können sie unterstützen, indem die Verse zum Beispiel abwechselnd gesungen werden.)

1. Mein Seel, o Herr, will lo - ben dich,
du bist mein Heil, des freu' ich mich,
dass du nicht fragst nach gro - ßer Pracht
und hast mich Ar - men nicht ver - acht'.

2. und angesehn mein Niedrigkeit. Des wird von nun an weit und breit
mich selig preisen jedermann, weil du groß Ding an mir getan.

3. Du bist auch mächtig, lieber Herr, dein große Macht stirbt nimmermehr;
dein Nam ist alles Rühmens wert, drum man dich willig preist und ehrt.

4. Du bist barmherzig insgemein dem, der dich herzlich fürcht' allein,
und hilfst dem Armen immerdar, wenn er muß leiden groß Gefahr.

5. Der Menschen Hoffart muss vergehn, mag nicht vor deiner Hand bestehn;
wer sich verläßt auf seine Pracht, dem hast du bald ein End gemacht.

6. Du machst zunicht der Menschen Rat, das sind, Herr, deine Wundertat';
was sie gedenken wider dich, das geht doch allzeit hinter sich.

7. Wer niedrig ist und klein geacht', an dem übst du dein göttlich Macht
und machst ihn seinen Fürsten gleich, die Reichen arm, die Armen reich.

8. Das tust du, Herr, zu dieser Zeit, gedenkest der Barmherzigkcit;
Israel willst du Hilfe tun durch deinen auserwählten Sohn.

9. Wir haben's nicht verdient um dich, dass du mit uns fährst gnädiglich;
zu unsern Vätern ist geschehn ein Wort, das hast du angesehn.

10. Auch Abraham hast du geschworn, dass wir nicht sollten sein verlorn,
uns zugesagt das Himmelreich und unsern Kindern ewiglich.

11. Gott Vater und dem ein'gen Sohn, dem Heilgen Geist in einem Thron
sei Ehr und Preis von uns bereit' von nun an bis in Ewigkeit.

Text: Erasmus Alber. Strophe 1 1534/1536; Strophen 2-11 (vor1553) 1555
Melodie: 15 Jh.; geistlich bei Nikolaus Hermann 1560

*(Gegen Ende des Gesangs tritt Josef mit einem Hirtenstab zu der Gruppe
hinzu. Das Kind wird wieder in die Krippe gelegt.)*

Josef: Ich habe einen merkwürdigen Traum gehabt. Wir müssen sofort aufbrechen. Ein Engel sagte mir heute Nacht im Traum, dass es Menschen gibt, die unserem Kind nach dem Leben trachten. *(Maria erschrickt und schreit leise auf. Sie hält schützend ihre Arme über die Krippe.)* Wir müssen fliehen! Der Engel sagte, wir sollen nach Ägypten gehen.

Maria: Nach Ägypten? Aber da kenne wir doch niemanden!

Mutter Anna: Wer wird euch dort aufnehmen? Und wirst du dort als Zimmermann Arbeit finden? Wovon werdet ihr leben?

Josef:	Wir werden die kostbaren Geschenke der drei Könige als Tauschmittel verwenden. Davon können wir schon einige Jahre leben.
Maria:	Einige Jahre?
Josef:	*(beruhigend)* Oder auch nur Monate. Jedenfalls werden wir wieder nach Nazareth zurück kommen, wenn diese Menschen gestorben sind, die dem Kind nach dem Leben trachten. *(zu Mutter Anna)* Liebe Mutter, grüße alle unsere Freunde und berichte ihnen, dass wir in Ägypten Schutz suchen müssen, aber so bald wie möglich heimkommen werden. *(Maria umarmt ihre Mutter stumm. Josef gibt ihr ein Bündel mit. Dann geht Mutter Anna ab. Sie wendet sich dann nochmals um.)*
Mutter Anna:	Bleibt gesund. Der Herr im Himmel schütze euch. Seht, dort kommen die drei Könige noch einmal! *(Die Könige treten nochmals auf. Mit aufgeregten Gesten gehen sie auf Josef zu.)*
Josef:	Was führt euch noch einmal hierher?
Melchior:	Wir hatten alle drei denselben Traum. Sicher ist das eine Warnung von Gott, der wir folgen müssen.
Josef:	Was wurde euch denn im Traum gesagt?
Balthasar:	Wir sollen einen anderen Weg nehmen und nicht mehr zu Herodes zurückkehren. Also werden wir Jerusalem in weitem Bogen umgehen.
Caspar:	Mir ist es sehr peinlich, dass wir unser Versprechen nicht halten sollen, das wir Herodes gegeben haben.
Melchior:	Ach, Herodes hat es vielleicht schon wieder vergessen. Er war doch sehr unfreundlich zu uns.
Balthasar:	Er hat sich ja gar nicht dafür interessiert, was die Schriftgelehrten aus den Heiligen Schriften gelesen haben. Ich hatte das Gefühl, dass er gar nicht anbeten wollte. Man kann sich auch nicht vorstellen, dass er hierher kommen könnte. Dass wir diesem Mann unser Wort halten sollen...
Josef:	Ich hatte auch einen Traum.
Caspar:	*(erstaunt)* Ihr hattet auch einen Traum?

Josef:	Wir müssen fliehen. Der Engel des Herrn hat es mir heute Nacht im Traum befohlen. Man trachtet dem Kindlein nach dem Leben.
Balthasar:	Dann stimmen ja die Träume überein. Wir dürfen dem Herodes wirklich nicht mehr melden, dass wir euch gefunden haben. Dann kann er auch nicht mehr kommen und anbeten.
Melchior:	*(bedenklich)* Oder es ist gerade Herodes, vor dem das Kindlein und seine Eltern bewahrt werden müssen. War er nicht sehr erschrocken, als er hörte, dass einer auf die Welt kommen soll, der größer wird als er, der ihm seine Herrschaft streitig machen könnte? Auch hier stimmen die Träume überein.
Caspar:	So werden wir auf einem anderen Weg in unser Land ziehen. Wir müssen die Warnung dieser übereinstimmenden Träume ernst nehmen.
Josef:	Man muss Gott mehr gehorchen als den Menschen. Wir würden uns auf dem Weg nach Ägypten gerne eurer Karawane anschließen. Dann stehen wir unter eurem Schutz bis wir den Machtbereich des Herodes verlassen haben. *(zu Maria)* Ich werde den Esel kaufen, der bei der Tränke unten am Bach steht. Der wird dich, liebe Maria, und das Kind auf den unebenen Wegen tragen.
Balthasar:	Wir werden zusammen ziehen. Ihr steht unter unserem Schutz.
Josef und Maria:	Gott, der uns auf diesen Weg geschickt hat, wird uns durch seinen Schutzengel in allen Gefahren behüten. Darum gehen wir voller Zuversicht.

(Maria nimmt das Kind aus der Krippe und breitet ihren Mantel darüber. Josef nimmt Stab und Laterne und den Sack mit den Geschenken der Könige. Alle folgen den Drei Königen, die langsam durch das Kirchenschiff schreiten. Die Orgel spielt nochmals das Lied von Peter Cornelius, s. S. 55ff.)

Nicht im Palast geboren

Kurt Rainer Klein

Vorbemerkungen:

Das Stück folgt der Weihnachtsgeschichte nach Matthäus (2,1–11). Es stellt die Figur des Königs Herodes als Kontrastfigur zum Kind im Stall heraus. Während Herodes denkt alles fest im Griff seiner Macht zu haben, geschieht das eigentlich Wichtige abseits im Stall von Bethlehem: ein Friedensherrscher wird geboren. Fremde kommen und bringen Kunde davon. Im vermeintlichen Zentrum der Macht weiß man nichts davon. Die Fremden wissen die Zeichen der Zeit zu deuten (Stern). Herodes bleibt geblendet von seiner Machtgier. Er macht sich nicht auf den Weg nach Bethlehem, obwohl er die Schrift ausgelegt bekommt. Die Fremden aber gehen hin und beten an.

Die Szenen lassen sich ohne großen Aufwand spielen. Am einfachsten ist es, im Altarraum verschiedene Spielorte festzulegen (Palast des Herodes, Straße in Jerusalem, Stall). Dann kommt man ohne Umbau aus.

Die Sprecherrollen können leicht variiert werden. So kann man die Zahl der Priester und Schriftgelehrten und der Diener auch reduzieren. Manche Rollen haben nur wenig Text, was oft für die Beteiligung von Kindern, die nicht gut auswendig lernen oder sprechen können, nützlich ist.

Spieler/innen:	Herodes	1.–3. Priester
	1.–3. Diener	1.–2. Schriftgelehrter
	1.–2. Nachbar	Maria
	1.–3. Weiser	Josef

---

1. SZENE: ## Im Palast des Herodes

(Herodes ist allein. Er sitzt mit Krone, Mantel und Zepter bekleidet auf seinem Thron.)

Herodes: *(mit majestätischem Stolz)*

Ich bin der König in diesem Land. – Ich bin's! – Ich bin der König.

(genüsslich) Ach, war das gestern wieder ein Tag. Ich habe diesem Volk so richtig gezeigt, wer das Sagen hat. Drei Banditen habe ich hinrichten lassen. Zur Abschreckung. Und alle haben gezittert vor Angst und Entsetzen .

(Er reibt sich zufrieden die Hände.) So ist es recht!

Und dann diese berauschende Nacht. Der Wein ist in Strömen geflossen und meine Gäste waren fasziniert. Die haben sich

den Bauch mit Hummer und Kaviar vollgeschlagen, bis
sie fast platzten. Zum Totlachen, hahaha...
(Er erhebt sich und streckt dann gebieterisch seine Hand aus)
Ich bin der König! – Ich brauche nur meine Hand auszustrek-
ken und schon geschieht, was ich befehle! Ein Wort und ...
*(Zwei seiner römischen Diener treten herein. Sie verbeugen sich ehrerbietig.
Der 2. Diener hat Schreibzeug in der Hand.)*

1. Diener:	Es gibt Neues zu berichten, ehrwürdiger König. Unsere Wachen haben drei Aufständische festgenommen, die in den Palast eindringen wollten.
2. Diener:	Was befehlt Ihr?
Herodes:	Öffentlich hinrichten lassen, damit das Volk abgeschreckt wird.
1. Diener:	Kaiser Augustus lässt fragen, ob Ihr mehr Soldaten braucht?
2. Diener:	*(nimmt eilfertig das Schreibzeug.)* Was sollen wir ihm mitteilen?
Herodes:	Schreibt: Nein! – Ich habe alles bestens im Griff! *(Der 2. Diener notiert.)*
1. Diener:	Das jüdische Volk wird immer unzufriedener wegen Eurer Strenge. Sie zeigen ihre Abneigung gegen uns Römer immer offener. Selbst unsere Soldaten fürchten sich in den Gassen der Altstadt schon vor dem unberechenbaren Zorn des Pöbels.
2. Diener:	Was befehlt Ihr?
Herodes:	*(barsch)* Hart bleiben! Nur so können wir uns behaupten. *(Der Diener notiert. Da stürzt ein 3. Diener herein. Macht eine eilige Verbeugung und spricht aufgeregt.)*
3. Diener:	Ergebenster König! Es sind hohe Herren in den Palast gekommen. Sie warten draußen und wollen zu Euch vorgelassen werden. Sie sagen, sie hätten eine freudige Nachricht für Euch. Sie haben es offensichtlich sehr eilig.
Herodes:	*(abfällig)* Was wollen die mir schon sagen? Es gibt nichts, was ich nicht schon längst wüsste. Was glauben die denn, wer sie sind.
3. Diener:	*(unschlüssig)* Soll ich die Herren nun hereinbitten oder wegschicken?

Herodes:	Schick sie weg! – *(zögernd)* Oder … sie sollen doch hereinkommen. Vielleicht wissen sie ja doch etwas Neues zu berichten. Man kann ja nie wissen.

2. SZENE: **In den Straßen von Jerusalem**

(Zwei Nachbarn treffen sich auf der Straße. Sie begrüßen sich und kommen miteinander ins Gespräch.)

1. Nachbar:	Hast du die drei feingekleideten Männer heute morgen hier durchreiten gesehen?
2. Nachbar:	Ja, aber wer sind sie?
1. Nachbar:	Sie kamen heute Morgen zu mir und haben mich nach dem Weg zum Palast des Herodes gefragt.
2. Nachbar:	Und was hast du ihnen dann gesagt?
1. Nachbar:	Wie sie dahinkommen natürlich. Aber neugierig wie ich bin, habe ich sie auch gefragt, was sie dort wollten. *(flüstert geheimnisvoll)* Und dann haben sie mir erzählt, sie seien einem Stern gefolgt. Dieser Stern hätte ihnen den Weg bis hierher gezeigt.
2. Nachbar:	Ja und?
1. Nachbar:	Das habe ich sie auch gefragt.
2. Nachbar:	*(ungeduldig)* Und was haben sie gesagt?
1. Nachbar:	Der Stern wäre ein Zeichen. Ein Zeichen für einen neugeborenen König der Juden.
2. Nachbar:	*(lacht)* Und das hast du denen geglaubt?
1. Nachbar:	Na ja…komisch fand ich das schon. Aber steht nicht in den alten Schriften unseres Volkes, dass ein Kind geboren werden soll, das König in unserem Land sein wird. Ein König, der Frieden und Gerechtigkeit bringt.
2. Nachbar:	Ja, schon…, aber das heißt doch nur ‚irgendwann einmal‘ – nicht jetzt.
1. Nachbar:	Und wenn es doch so ist, wie diese vornehmen Herren zu wissen glauben?
2. Nachbar:	Dann wird sich hier bei uns vielleicht einiges ändern. Dieser König wird die Römer verjagen und Frieden schaffen. Er wird die Armut beenden und Gleichheit bringen.

3. SZENE:	**Im Palast des Herodes**

(Die drei Weisen stehen vor Herodes und berichten. Abseits von ihnen stehen die Diener des Herodes.)

Herodes:	Sprecht, was habt ihr zu sagen. Aber fasst euch kurz.3
1. Weiser:	Wir grüßen Euch sehr! *(Alle drei verbeugen sich.)*
2. Weiser:	Wir sind weitgereist. Wir kommen aus dem fernen Morgenland.
3. Weiser:	Wir suchen den neugeborenen König der Juden, um ihm unsere Verehrung zu bezeugen.
Herodes:	*(ungehalten)* Was redet ihr da für einen Unsinn! Es gibt keinen neugeborenen König hier. Ich bin der König.
2. Weiser:	Einen Stern haben wir gesehen, der uns die frohe Kunde mitgeteilt hat.
3. Weiser:	Er hat uns den Weg gewiesen. Ihm sind wir gefolgt.
1. Weiser:	Ja, bis hierher nach Jerusalem.
Herodes:	Einem Stern seid ihr gefolgt? – *(nachdenklich)* Wir wissen nichts von einem Stern.
2. Weiser:	Kurz vor der Stadt haben wir ihn aus den Augen verloren.
1. Weiser:	Weiß denn keiner etwas von dem Kind?
Herodes:	*(unsicher, nervös)* Hmm, bleibt doch ein wenig in meinem Palast. Ihr seid meine Gäste. Ich werde sehen, ob ich euch weiterhelfen kann. *(Er wendet sich an seine Diener.)* Diener, zeigt ihnen ihre Zimmer. *(Die Weisen und die Diener verbeugen sich und gehen ab.)*

4. SZENE:	**Herodes allein**
Herodes:	*(geht nachdenklich auf und ab)* Was für ein Unsinn! Ein neuer König. Nichts als leeres Geschwätz. – Aber die Leute hier sind leichtgläubig. – Es darf jedenfalls niemand etwas von der Sache erfahren. Die Leute könnten sonst auf dumme Gedanken kommen. *(Er ruft.)* Diener! Kommt her! *(Die drei Diener kommen herein.)*

Herodes:	Sorgt dafür, dass diese Fremden mit niemandem über diesen Unsinn reden. Und holt mir gleich die Priester und Schriftgelehrten her. *(drängt)* Sofort! Geht schon beeilt euch.
1. Diener:	Ja, Herr! *(Diener gehen ab. Herodes wieder allein.)*
Herodes:	*(setzt sich auf seinen Thron)* Und wenn nun doch an der Sache etwas dran ist? – Es wäre nicht auszudenken. – Dann muss ich etwas unternehmen. Ich bin der König, ich allein!
2. Diener:	Herr, die Priester und Schriftgelehrten sind hier, soll ich...
Herodes:	Herein mit ihnen, aber schnell! *(Die Diener, drei Priester und ein Schriftgelehrter treten ein.)*
1. Priester:	Ihr habt nach uns rufen lassen?
2. Diener:	Seit heute Morgen sind Fremde hier im Palast, die Merkwürdiges zu berichten wussten: Sie suchen den neugeborenen König der Juden.
2. Schriftgelehrter:	Aber hier in eurem Palast ist doch kein Kind geboren?
3. Diener:	Sie haben von einem Stern berichtet, den sie gesehen haben wollen.
1. Diener:	Der ihnen den Weg nach Jerusalem gewiesen hat.
Herodes:	Was sagen denn eure Schriften dazu? Schaut rasch nach, ich muss es wissen. *(Die Priester und der Schriftgelehrte vertiefen sich in Schriftrollen, die sie mitgebracht haben.)*
2. Priester:	Ja, hier beim Propheten Jesaja steht etwas von einem Kind, das herrschen soll über das Volk Israel.
3. Priester:	Ein Thronnachfolger des alten Königs David soll das sein.
1. Priester:	Er soll Friede und Gerechtigkeit bringen.
Herodes:	*(ungeduldig)* Wann denn, wo denn, was steht denn genauer in den Schriften?
3. Priester:	Beim Propheten Micha steht, dass er in Bethlehem geboren werden soll.
Herodes:	*(erschrocken)* Was heißt das? Wann genau?
2. Priester:	Bei den Propheten lesen wir nichts darüber.

1. Schriftgelehrter:
   Ob sich die Fremden nicht doch getäuscht haben?

Herodes: Gebt mir einen Rat, was an der Sache dran ist. Was soll ich davon halten?

2. Schriftgelehrter:
   Mehr wissen wir auch nicht zu sagen.

Herodes: Dann geht und vor allem: Schweigt über diese Sache! Redet mit niemandem darüber!
(Die Priester und Schriftgelehrten gehen ab.)

5. SZENE: **Die Weisen wieder vor Herodes**
(Herodes und seine Diener)

Herodes: Lasst die Fremden holen. Ich muss mit ihnen reden.
(Sie gehen ab.)

Herodes: *(zu sich selbst)* Das ist eine dumme Geschichte. Ein neugeborenes Kind, wo das nur sein soll. Ich muss es wissen. Und dann werde ich handeln. Ich werde die Fremden als meine Kundschafter gebrauchen.

1. Diener: Herr, Eure Gäste! *(Er weist auf die Weisen, die hereinkommen.)*

1. Weiser: Ihr wollt mit uns reden?

Herodes: Ja, ihr müsst herausfinden, wo dieses Kind sich befindet, dieser neugeborene König der Juden. Und dann kommt und sagt es mir.

2. Weiser: Wir werden dem Stern folgen. Nur so können wir das Kind finden.

3. Weiser: Jetzt sind wir so weit gereist, um dem neuen König unsere Ehre zu erweisen.

1. Weiser: Unsere Geschenke sollen sein Herz erfreuen und wir wollen ihm unsere Anbetung schenken.

6. SZENE: **Im Stall**
(Maria und Josef sitzen bei dem Kind, das in der Krippe liegt. Die Weisen kommen während der Szene dazu.)

Maria: Ich bin so glücklich über unser Kind, Josef. Wie klar seine Augen uns anschauen. Nicht wahr?

Josef:	Ach Maria, was haben wir für ein Glück, dass wir diesen Stall gefunden haben, der uns Raum und Schutz bietet. Draußen in der Kälte wären wir erfroren.
Maria:	*(schaut hinaus)* Da kommen Fremde, Josef. Was die wohl von uns wollen?
Josef:	*(geht hinaus, den Weisen entgegen)* Wer seid ihr, Fremde? Was wollt ihr von uns armen Leute?
1. Weiser:	Von weit sind wir hergekommen. Der helle Stern da am Himmel hat uns gesagt, dass etwas Großes geschehen sei. *(Sie gehen in den Stall und nähern sich der Krippe.)*
2. Weiser:	Er hat uns den Weg zu dem neugeborenen König der Juden gezeigt, wie es in den Schriften der alten Propheten steht.
Maria:	Was sagt ihr da?
3. Weiser:	Im Palast des Königs Herodes konnten wir das Kind nicht finden. Darum sind wir weitergezogen. Und der Stern führte uns dann hierher nach Bethlehem in diesen Stall.
Josef:	Ihr überrascht uns!
1. Weiser:	Wir bringen euch Geschenke und verbeugen uns vor eurem Kind. *(Sie legen ihre Gaben ab und knien an der Krippe nieder.)*
3. Weiser:	Gesegnet sei der Herr der Welt!
2. Weiser:	Lasst uns dieses Kind anbeten und ihm zur Ehre singen!

● Gemeindelied

Christus, das Licht der Welt

Hans-Jürgen Dommler

Vorbemerkungen:

Ein Stück mit klassischen Weihnachtsspielszenen: Vermeldung der Volkszählung, Herbergssuche, die Hirten auf dem Feld, die Sterndeuter. Im Spiel werden die Texte der Weihnachtsbotschaft der Evangelien ausgelegt. Inhaltlich geht es um die Sehnsucht nach Frieden und einem wärmenden Licht in einer oft als kalt erfahrenen Welt.
Dieser Sehnsucht ist Gott mit seiner Verheißung eines Friedensfürsten bei den Propheten des Alten Testaments bereits entgegengekommen. Die Erfüllung dieser Verheißung wird von allen Menschen erlebt, die zur Krippe kommen, seien sie arm oder reich, angesehen oder verachtet. Von diesem unscheinbaren Stall strahlt etwas aus, was bis heute die Welt und die Herzen der Menschen verändern kann. Man muss sich allerdings davon anstecken und betreffen lassen.
Die Einbeziehung der alttestamentlichen Propheten ist eine der Besonderheiten des Stücks. Den Hauptteil bildet die Szene an der Krippe. Maria und Josef, die Hirten, die Sterndeuter, der Verkündigungsengel, ja selbst der römische Soldat, der die Volkszählung vermeldet, treffen sich im Stall von Bethlehem.
Als Erinnerung erhält jedes Kind nach dem Weihnachtsgottesdienst eine Kerze. Christus als Licht der Welt soll hinausgetragen werden in die Familien, in unsere Umgebung.

Spieler/innen:	Erzähler	Drei Hirten:	– David
	Maria		– Simson
	Josef		– Japhet
	Solda	Engel	
	Micha	Sterndeuter:	– Kaspar
	Jesaja		– Melchior
			– Balthasar

---

1. SZENE: **Maria und Josef machen sich auf den Weg nach Bethlehem**

(Erzähler, römischer Soldat, Maria, Josef, die Propheten Micha und Jesaja)

Erzähler: Hört den Anfang der Weihnachtsgeschichte wie sie uns vom Evangelisten Lukas überliefert ist:
(Er liest den Text Lukas 2,1-5 und tritt dann ab.)

(Ein römischer Soldat tritt auf; evtl. bläst er in eine Fanfare, bevor er mit seiner Rede beginnt.)

Soldat: Hört ihr Leute, hört gut zu! Ich verlese eine wichtige Bekanntmachung des Kaisers Augustus aus Rom. Der Kaiser, den wir als Gott des Friedens verehren, hat in seiner großen Weisheit beschlossen, dass alle Menschen durch eine Volkszählung erfasst werden müssen. Alle Einwohner, Männer Frauen und auch Kinder müssen sich in die kaiserlichen Listen eintragen lassen. Deshalb soll jeder in seinen Heimatort gehen, aus dem seine Familie stammt. Es lebe der Kaiser, es lebe Kaiser Augustus von Rom. Gezeichnet: Quirinius, Statthalter in Syrien.

(Der Soldat bläst evtl. nochmals auf seiner Fanfare und tritt dann ab.)

(Maria und Josef wandern durch die Kirche zur Spielfläche.)

Maria: Ach Josef, nur wegen diesem Befehl des Kaisers in Rom müssen wir in unsere Geburtsstadt nach Bethlehem gehen. Gerade jetzt, wo es mit dem Kind im Bauch so mühsam ist.

Josef: Ja, Maria, wir werden nicht darum herumkommen. Ich werde dir helfen und nach einem Esel schauen, der wird dich von Nazareth nach Bethlehem tragen.

Maria: Ach Josef, ich wünschte das Kind wäre bald da. Wir haben noch gar keinen warmen Ort und kein warmes Zimmer in dieser Winterkälte.

Josef: Ich werde schon bei einem Wirt eine Herberge für uns finden. Bei dieser Kälte wird uns hoffentlich keiner abweisen, noch dazu mit dem Kind in deinem Schoß.

(Erzähler tritt mit der Bibel in der Hand auf.)

Erzähler: Die Propheten Gottes kündigten schon vor einigen Jahrhunderten die Geburt des Gottessohnes an. Es war die Rede von einem, der in Israel Herr sei, von einem Friedensfürst und einem Ewig-Vater. Doch seht und hört sie selbst! *(Tritt ab.)*

(Die Propheten Micha und Jesaja stehen auf der Kanzel oder einem anderen hervorgehobenen Platz und verkünden laut und deutlich.)

Micha: Und du, Bethlehem Efrata, die du klein bist unter den Städten in Juda, aus dir soll mir der kommen, der in Israel Herr sei, dessen Ausgang von Anfang und von Ewigkeit her gewesen ist. Er wird auftreten in der Kraft des Herrn und in der Macht seines Gottes. Und er wird der Friede sein!

Jesaja: Das Volk, das im Finstern wandelt, sieht ein großes Licht, und über denen, die da wohnen im finsteren Lande, scheint es hell. Denn uns ist ein Kind geboren, ein Sohn ist uns gegeben unddie Herrschaft ruht auf seiner Schulter und er heißt Wunder-Rat, Gott-Held, Ewig-Vater und Friede-Fürst!

● Gemeindelied:»Tochter Zion, freue dich« (EG 13,1-3; Hal 89,1-3)

2. SZENE: ## Die Herbergssuche und die Hirten auf dem Feld

(Erzähler. Maria und Josef stehen neben der Krippe und betrachten ihr Kind. Drei Hirten lagern auf dem Feld. Japhet hält Wache, die beiden anderen schlafen.)

Erzähler: In der Weihnachtsgeschichte nach Lukas heißt es weiter:
(liest Lukas 2,7 vor.)

Maria: Obwohl wir überall gesucht haben, bekamen wir keinen Raum. Kein Zimmer war frei. So sind wir jetzt in diesem Stall gelandet. Ich bin aber dankbar, dass wir ein gesundes Kind auf die Welt gebracht haben.

Josef: Du hast recht, Maria. Auch ich bin froh, dass sich alles noch so gefügt hat und wir nicht ganz in der Kälte sein müssen. Das Notwendigste haben wir ja. Unser Kind ist ganz arm und bescheiden in diesem Stall zur Welt gekommen. Ob uns das einer glauben würde?2

● Gemeindelied »Es ist ein Ros entsprungen« (EG 30,1-3; GL 132,1-3; Hal 16,1-3; LJ 36,1-3; TG 353,1-3)

Erzähler: *(Liest Lukas 2, 8 vor.)*

David: *(steht verschlafen auf)*
Vor lauter Kälte kann ich gar nicht einschlafen. Immer auf diesem kalten, gefrorenen Boden liegen, hält ja auf Dauer kein Mensch aus.

Simson: *(ist aufgewacht und richtet sich auf)* Wo läufst du denn hin, David. Willst du denn unsere Schafe einfach alleine lassen? Du weißt doch, wenn dir auch nur ein Schaf fehlt, wird dir gleich ein ganzer Wochenlohn gestrichen. Und das bei unserem schmalen Verdienst.

Japhet: *(der Wache gehalten hat)* Mit unserem Ansehen bei den Leuten ist es ja auch nicht weit her. Jedermann hält uns für gemeine

Strauchdiebe, die klauen, was sie erwischen können. Dabei geht es uns einfach ums nackte Überleben.

David: Wenn wenigstens einer es mal gut mit uns meinen würde. Aber jeder geht uns aus dem Weg und schreit uns noch Beschimpfungen hinterher.

Simson: Das stimmt. Lob und Anerkennung könnten wir schon brauchen in diesem langweiligen Job, tagein und tagaus auf der Weide. Außerdem würde ich mir gerne mal wieder einen Mantel kaufen. Dieser hier *(zeigt an sich hinunter)* ist schon voller Risse, total abgetragen. Aber nicht einmal dazu reicht unser Lohn.

Japhet: Kommt, wenn wir schon alle nicht schlafen können, dann lasst uns Karten spielen, damit diese lausig kalte Nacht endlich vergeht.
(Die drei Hirten setzen sich zum Kartenspiel zusammen.)

Erzähler: *(Liest Vers 9 aus Kapitel 2 des Lukasevangeliums vor.)*

(Es ertönt Flötenmusik. Dann tritt der Engel auf. Die Hirten lassen ihre Karten fallen und hören staunend zu.)

Engel: Fürchtet euch nicht, siehe ich verkündige euch große Freude, die allem Volk widerfahren wird; denn euch ist heute der Heiland geboren, welcher ist Christus, der Herr, in der Stadt Davids. – Und das habt zum Zeichen: Ihr werdet finden das Kind in Windeln gewickelt und in einer Krippe liegen. Ehre sei Gott in der Höhe und Friede auf Erden bei den Menschen, die Gott wohlgefallen. *(Der Engel tritt ab.)*

● Gemeindelied: »Hört der Engel helle Lieder« (EG 54, 1-3; Hal 149,1-3; LJ 52,1-3)

David: *(reibt sich die Augen)* Mir war gerade, als ob ich einen wunderbaren Traum hatte. Ein Engel kam und erzählte von einem Kind, das geboren ist. Ja, er sagte, es soll ein Friedensfürst sein. Aber ich träume doch gar nicht.

Simson: *(freudig)* Ich habe das auch gehört. Gott hat zu uns durch einen Engel gesprochen. Er lässt gerade uns an seinen Plänen mit uns Menschen teilhaben. Das ist doch wirklich ein Wunder.

Japhet: Jetzt wissen wir, dass wir nicht allein sind. Gott, der Herr, hat uns gezeigt, dass er uns nicht vergessen hat. *(Er steht auf.)*
Jetzt lasst uns aber aufbrechen, um nach dem Kind zu sehen.

Wo sollten wir hingehen? – Ach ja, jetzt weiß ich es wieder.
Nach Bethlehem sollten wir gehen und das Kind liegt in einer
Futterkrippe.

*(Bei dem folgenden Lied ziehen die drei Hirten zur Krippe. Sie betrachten
staunend das Kind und lagern sich dann bei der Krippe.)*

● Gemeindelied: »Ihr Kinderlein kommet« (EG 43,1+3; Hal 96,1-3; LJ 44,1+3)

3. SZENE:	**Die Sterndeuter sind unterwegs**

Erzähler: Da Jesus geboren war zu Bethlehem im jüdischen Lande, zur
Zeit des Königs Herodes, siehe da kamen drei Weise aus dem
Morgenland nach Jerusalem.
*(Die Sterndeuter kommen durch die Kirche gewandert und beginnen zu
sprechen.)*

Kaspar: *(enttäuscht)* Jetzt sind wir schon viele Wochen unterwegs. Es war
mühsam und beschwerlich. Eigentlich hatten wir uns diese
Suche nach dem hellen Licht nicht ganz so anstrengend vorge-
stellt.

Melchior: Stimmt! Wenn ich mir vorstelle, wie verwöhnt wir in unserer
Heimat leben und wie bescheiden wir nun schon wochenlang
diese Reise hier fortsetzen. Ich sehne mich nach meinem kleinen Palast mit all den verführerischen Annehmlichkeiten und
meiner Dienerschaft, die all die Arbeit verrichtet.

Balthasar: Wollt ihr etwa hier auf halbem Wege aufgeben? Wir haben
uns doch deshalb aufgemacht, um das Ziel unserer Entdek-
kungen und Forschungen in der Sternenwelt selbst sehen und
erleben zu können. Ich weiß, es wird etwas Herausragendes
sein. Unsere Reise wird bestimmt nicht umsonst gewesen sein.
Habt nur Mut, Freunde!

Kaspar: *(schaut durch sein Fernrohr)* Vorhin habe ich den hellen Stern noch
gesehen – komisch – und jetzt ist er gar nicht mehr zu finden.
Entweder wir haben ihn verloren oder er muss unmittelbar
über uns sein.

Melchior: *(nimmt das Fernrohr)* Warte mal! Lass mich mal schauen, vielleicht
entdecke ich mehr. *(Er sucht den Himmel ab.)* Nichts zu sehen. -
(Er findet ihn dann doch, direkt über ihnen.) Oh! Da ist er! Unglaub-
lich! So groß und so deutlich! Du hast recht, Kaspar, der Stern
ist unmittelbar über uns. *(Sie ziehen weiter.)*

Balthasar:	Ja, jetzt sehe ich ihn auch. Ein deutliches Zeichen des Himmels! Das ich das noch erleben darf. Solange halte ich schon Ausschau nach diesem Stern. Da schaut! Jetzt scheint er und wir an seinem Ziel angekommen zu sein. Der Stern ist stehengeblieben direkt über einem alten Stall.

(Beim folgenden Lied bleiben die Sterndeuter im Kirchenraum stehen.)

● Gemeindelied:»Stern über Bethlehem« (Hal 191; LJ 326; TG 257)

4. SZENE: **Die Sterndeuter kommen zur Krippe**

Erzähler: Und sie kamen eilend und fanden beide, Maria und Josef, dazu das Kind in der Krippe liegen. Als sie aber gesehen hatten, brachten sie ihre Geschenke dar und beteten das Kind in der Krippe an.

(Während der Erzähler spricht kommen die Sterndeuter zur Krippe und überreichen ihre Geschenke. Auch der römische Soldat kommt dazu.)

Maria: Meine Seele erhebt den Herrn und mein Geist freuet sich Gottes, meines Heilandes; denn Gott hat die Niedrigkeit seiner Magd erkannt und mich ausersehen das Kind zur Welt zu bringen, das das Licht der Welt sein wird. Ein Sohn ist uns gegeben und er wird der Friedefürst für alle Menschen sein.

Josef: Ja, Maria, Gott ist gnädig und er hat Großes an uns getan. Wir alle sind auf der Suche nach Gerechtigkeit und Frieden, nach einer Welt, in der die Menschen sich gegenseitig achten und verstehen.
Dieses Kind, unser Sohn, wird uns zeigen, was es heißt, Gott die Ehre zu geben und alle Menschen als Brüder und Schwestern zu lieben.

David: Dies haben wir Hirten heute schon erfahren. Von anderen werden wir verachtet. Hier an diesem Ort ist es anders. Hier kommt uns eine Freundlichkeit, Wärme und Helligkeit entgegen; so wohltuend wie wir es noch nie erlebt haben.

Simson: Ja, ich glaube, dass dieses Kind in der Krippe für uns alle hier – egal ob arm oder reich, ob angesehen oder verachtet, ob fremd oder nicht – ein neuer Anfang sein kann.

Japhet: Für mich ist es ein neuer Anfang. Ich habe hier das Glück und die Zufriedenheit gefunden.

Kaspar: Ich habe einen neuen König gesucht und ich habe ihn gefunden. Doch ganz anders als erwartet. Ich bin überrascht wie schlicht und unscheinbar dieses Friedensreich beginnt. Aber ich bin überzeugt, wenn wir Menschen uns daran halten, was uns hier begegnet ist, dann gibt es für jeden genügend Platz auf dieser Welt und Licht im Leben.

Soldat: Ich will mich persönlich für den Frieden einsetzen. Unfrieden, Hass und Unterdrückung gibt es in dieser Welt genug.
(Der Engel tritt nochmals auf, evtl. von leiser Flötenmusik begleitet.)

Engel: *(spricht zu allen)* Was ihr hier an der Krippe erkennt, das soll nicht nur für euch gelten, sondern für alle Menschen. Die gute Nachricht Gottes muss weitergegeben werden – hier an der Krippe und an den unzähligen Tagen, die noch kommen werden. Der Sohn Gottes, Jesus Christus, kommt in unsere Zeit, in unsere Welt. Er will ein Licht für uns sein. Nehmt dieses Licht in euer Herz auf und pflegt es, damit es nicht erlöschen kann. Gott hilft euch dabei!

● Gemeindelied: »Uns wird erzählt von Jesus Christ« (EG 57, 1-3; Hal 196,1-3; LJ 57,1-3) oder »Ein Kind ist uns geboren heut« (GL 136,1-3)

(Das folgende Gebet wird von allen Spieler/innen gemeinsam gesprochen.)

Gebet: Jesus, du bist das Licht der Welt.
Du kommst zu uns in dieser Weihnachtszeit
und möchtest, dass von deinem Schein
die ganze Welt erleuchtet wird.
Wir möchten, dass es bei uns
und allen Menschen im Herzen hell wird.
Dein Licht soll in uns und in unseren Familien hell leuchten.
Herr, wir bitten dich an diesem Heiligen Abend,
bleibe bei uns mit deiner Liebe und zeige uns,
dass wir jeden Tag dein Licht zum Leben brauchen
wie die Sonne, die uns wärmt.
Nur so können wir auch selbst Licht der Welt sein.
Heute wollen wir damit anfangen,
dein Licht mit einer Kerze in unser Haus hineinzutragen.
Es soll uns daran erinnern,
für Frieden und Gerechtigkeit
in unserer Umgebung zu sorgen.

Hilf allen, die auf dein Licht angewiesen sind.
Stärke uns durch deinen Geist und gib uns Kraft und Mut,
unsere oft dunkle Welt
mit unserem kleinen Schein heller zu machen.

● Gemeindelied: »O du fröhliche« (EG 44; Hal 98; LJ 45; TG 355)
oder »Stille Nacht« (GL 145; Hal 100; TG 354)

Schlusswort: Jedes Kind erhält am Ausgang der Kirche heute eine Kerze.
Nehmt vom Licht der Krippe also einen kleinen Schein nach
Hause mit. Zündet damit eure Weihnachtskerzen an und bringt
das Licht des Lebens in eure Familien. Wir wünschen euch
gesegnete Weihnachten!

Weihnachtsstern und Mandelkern

Thomas Reuter

Vorbemerkungen:

Das Stück bietet eine einfache Nacherzählung der Weihnachtsgeschichte. Es wechselt zwischen einer Rahmenhandlung und einzelnen Rückblenden.
Ruth, eine Wirtin aus Bethlehem, erzählt ihrer Nachbarin die Geschichte von der Heiligen Nacht. Wegen des Textumfangs dieser Rolle sollte sie von einer Mitarbeiterin gespielt werden.
Die unterschiedlichen Spielorte sollten nach Möglichkeit jeweils mit einem Scheinwerfer beleuchtet werden. Man kann ohne aufwendige Kulissen und mit wenigen Requisiten auskommen. Die räumlichen Gegebenheiten der Szene können durch die Spielhandlung selbst angedeutet werden, z.B. die Tür des Gasthauses. Für den Stall genügt es z.B. eine Krippe aufzustellen.

Spieler/innen:

Sarah	Verkündigungsengel
Ruth	Herodes
Josef	Diener
Maria	Drei Könige: – Kaspar
Stimmen	– Melchior
Die Hirten: – Daniel	– Balthasar
– Jakob	Levi, ein Schriftgelehrter
– Thomas	

SZENE 1A: **Am Rande der Spielfläche**

(Ruth sitzt vor dem Haus. Sarah kommt mit einer Schüssel süßer Mandeln und setzt sich neben sie. Sie begrüßen sich.)

Sarah: Schalom, Ruth!

Ruth: Schalom, Sarah!

Sarah: Hast du ein bisschen Zeit?

Ruth: Zeit? Wofür denn?

Sarah: Erzähl mir bitte noch einmal die Geschichte von dem Kind, den Hirten und den Gelehrten.

Ruth: Die hab ich dir doch schon hundertmal erzählt, Sarah.

Sarah: Ach, bitte… Ich habe auch süße Mandeln mitgebracht.

(Sie packt die Schüssel mit Mandeln aus.)

Ruth: Also gut. Überredet. *(Sie nimmt sich einige Mandeln, isst sie und beginnt dann zu erzählen.)* Es war gegen Abend. Die Stadt war voller Menschen. Du weißt schon: Der römische Kaiser Augustus hatte dieses Gesetz erlassen. Jeder Mann musste in die Stadt gehen, in der er geboren war, und sich dort in eine Liste eintragen lassen. Ein Riesengeschäft für uns Wirtsleute…

Sarah: Das glaub ich gerne.

Ruth: Mein Haus war längst schon voller Gäste. Kein Zimmer war mehr frei. Sogar das eine Wohnzimmer hatte ich vermietet. Ich sitze also in der Küche und putze Gemüse. Auf einmal klopft es. *(Sie geht in die Mitte der Bühne, setzt sich und fängt an Gemüse zu putzen.)*

SZENE 1 B: **Herbergssuche**

(Josef tritt auf. Er nähert sich der sitzenden Ruth und klopft mit seinem Wanderstock an eine unsichtbare Tür.)

Josef: Hallo, niemand zu Hause?

Ruth: *(steht auf und geht ihm entgegen)* Ich komme schon! Schalom!

Josef: Schalom, gute Frau. Ich suche eine Unterkunft für…

Ruth: *(unterbricht ihn)* Das tut mir leid. Mein Haus ist voll. Selbst den Stall könnte ich noch vermieten. Die Volkszählung, ihr wisst.

Josef: Ich weiß. Aus diesem Grunde nur klopfte ich an viele Türen – und was bekam ich zu hören?

Stimmen: *(aus dem Hintergrund)*
»Kein Platz!«
»Mach, dass du weiterkommst!«
»Für mein Haus reicht dein Geld bestimmt nicht!«

Josef: Es geht ja gar nicht um mich. Ich würde auch auf dem Feld schlafen, am Lagerfeuer der Hirten. Aber meine Frau…

Ruth: Wo ist sie, ihre Frau?

Josef: Sie ruht sich aus, da vorn. Der Weg von Nazareth war weit, zu anstrengend für sie. Sie erwartet ein Kind.

Maria: *(hat sich mühsam herbewegt)* Josef?

Josef:	*(geht ihr entgegen und hilft ihr)* Maria, du solltest doch auf mich warten.
Maria:	Es wurde kalt.
Ruth:	*(geht erschrocken auf Maria zu)* Mein Gott, ihr habt mir nicht gesagt, wie es wirklich um eure Frau steht. Kommt, nehmt mein Tuch.
Maria:	Ich danke euch. Josef, hast du eine Unterkunft gefunden?
Ruth:	Es ist alles schon vermietet.
Maria:	*(erschöpft)* Oh, Gott…
Josef:	Habt ihr nicht gesagt, der Stall sei noch frei?
Ruth:	Ich kann euch doch nicht in den Stall schicken, zu den Tieren. Es ist kein Bett da, kein Stroh. Und was ist, wenn die Wehen beginnen?
Maria:	*(bittend)* Ihr würdet uns wirklich helfen.
Ruth:	Also, meinetwegen. Ich würde euch lieber…
Maria:	Schon gut.
Ruth:	Dann hole ich euch wenigstens noch ein paar Decken. Kommt.

(Gehen ab. Während dem nachfolgenden Lied geht Ruth wieder an den Bühnenrand zu Sarah.)

● Gemeindelied: »Weil Gott in tiefster Nacht erschienen« (EG 56,1+2; Hal 192,1+2; LJ 54,1+2; TG 203,1+2) oder »Gott, heiliger Schöpfer aller Stern« (GL 116,1+2)

SZENE 2A: **Am Rande der Spielfläche**

Sarah:	Und wie geht die Geschichte weiter?
Ruth:	Hast du noch Mandeln?
Sarah:	Ja, bitte!
Ruth:	Danke. Also – dann kamen wohl die Sterndeuter.
Sarah:	Nicht erst die Hirten?

Ruth:	Ja, richtig. Du kennst die Geschichte schon besser als ich... – Wie jede Nacht waren die Hirten auf dem Feld bei den Schafen. Jakob und Thomas schliefen, Daniel hielt Wache.

SZENE 2 B: **Die Hirten auf dem Feld**

Daniel:	He! *(rüttelt den schnarchenden Jakob wach)* He!
Jakob:	*(verschlafen)* Was ist denn los?
Daniel:	Man hört dein Schnarchen ja bis Bethlehem.
Jakob:	*(verärgert)* Na und? Stört es dich? Du musst doch sowieso wach bleiben.
Daniel:	Es stört mich beim Träumen. Ich träume nämlich mit offenen Augen. Außerdem – deine Wache beginnt.
Thomas:	Geht's noch lauter? Wer soll denn schlafen bei dem Geschrei?
Daniel:	Entschuldige.
Jakob:	Puh! Man friert, wenn man geschlafen hat. Wo ist denn das Fell?
Daniel:	Du sitzt drauf.
Jakob:	Ach ja. Ich bin noch gar nicht richtig wach.
Daniel:	Also ich lege mich jetzt schlafen.
Jakob:	Warte. Ich muss noch ein bisschen reden, sonst fallen mir die Augen wieder zu. Geht's dir nicht auch so, wenn du geweckt wirst?
Daniel:	Nein, nie. Ich stütze mich auf meinen Hirtenstock und träume. Trotzdem bin ich aber wachsam!
Jakob:	Du träumst? Wovon denn?
Daniel:	Ach, meistens von Judith. Und was aus mir geworden wäre, wenn ich damals mit den Spielleuten mitgegangen wäre.
Jakob:	Mit welchen Spielleuten?
Daniel:	Ich war gerade achtzehn. Da zogen Spielleute durch Bethlehem. Einer lief über ein hochgespanntes Seil. Einer turnte auf dem Kamel. Eine Frau jonglierte mit fünf Zitronen. – *(verträumt)* Mit denen wäre ich gerne mitgegangen.

Jakob:	Und was kannst du Besonderes?
Daniel:	Ich kann gut klettern, auf Bäume oder an Felswänden. Ist das nichts?
Thomas:	*(reibt sich verschlafen die Augen)* Was quatscht ihr denn herum mitten in der Nacht?
Jakob:	Er wäre gerne Artist geworden.
Thomas:	*(mürrisch)* Na toll. Und du? Hast du etwa auch so einen Wunsch, in stockdunkler Nacht?
Jakob:	Ja, Musikant würde ich gerne sein. Ihr wisst, ich spiele ein wenig Flöte. *(Zieht die Flöte aus seiner Jacke und spielt.)* Aber am liebsten hätte ich das Harfenspiel gelernt, wie König David.
Thomas:	*(spöttisch)* König Jakob, das fehlt noch...
Daniel:	Und du, Thomas, wolltest du nie etwas anderes sein als Hirte? – Na?
Thomas:	Also gut, ihr gebt ja doch keine Ruhe. Ich...,ich... wäre gerne Minister. *(Jakob und Daniel lachen.)*
Jakob:	*(lachend)* Schlaf weiter, Thomas...
Daniel:	Und ich schlafe jetzt auch. Gute Wache, Jakob.
Jakob:	*(nachdenklich)* Schon seltsam: ein Artist, ein Musikant, ein Minister – und doch drei Hirten auf dem Feld... *(Der Verkündigungsengel tritt auf. Die Hirten springen auf.)*

Verkündigungsengel:
Fürchtet euch nicht!
Siehe, ich verkündige euch große Freude,
die allem Volk widerfahren wird.
Denn euch ist heute der Heiland geboren in der Stadt Davids,
die da heißt Bethlehem. Das ist Christus, der Herr.
Und das habt zu Zeichen: Ihr werdet finden das
Kind in Windeln gewickelt und in der Krippe liegen.
Ehre sei Gott in der Höhe und Friede auf Erden
und den Menschen ein Wohlgefallen.

● Gemeindelied: »Hört der Engel helle Lieder« (EG 54,1+2; Hal 149,1+2; LJ 52,1+2) oder »Es kam ein Engel hell und klar« (GL 138,1+3)

SZENE 3A: **Am Rande der Spielfläche**

Sarah: Und dann Ruth? Dann kamen die Sterndeuter, stimmt's?

Ruth: So ist es. Aus dem Morgenland kamen sie.

Sarah: Wo ist das Morgenland?

Ruth: Was weiß ich? *(Sie deutet in verschiedene Himmelsrichtungen.)* Da…, oder da. Einem Stern waren sie gefolgt, direkt zum Palast des Königs Herodes.

SZENE 3B: **Bei König Herodes**

(König Herodes sitzt gelangweilt auf seinem Thron. Ein Diener tritt auf.)

Diener: Drei Männer, o König, Gelehrte aus dem Morgenland, wünschen euch zu sprechen. Sie suchen einen neugeborenen Königssohn…

Herodes: *(springt auf)* Was suchen sie? – Das sind Gauner, ja?

Diener: *(unsicher)* Ich weiß nicht…, sie tragen prunkvolle Gewänder.

Herodes: Lass sie herein. Aber bleibe in meiner Nähe! *(Diener geht ab.)* *(Herodes setzt sich wieder und spricht zu sich selbst.)* Was hat das zu bedeuten? – Ein Königssohn? Was für ein Königssohn? Will mich da einer vom Thron stürzen?
(Der Diener tritt mit den Sterndeutern ein.)

Balthasar: Seid gegrüßt, König von Judäa! Wir kommen…

Herodes: *(unterbricht ihn ungeduldig)* Schon gut, schon gut! Was für einen Königssohn sucht ihr?

Melchior: Nun, wir sind Sterndeuter, und ein heller Stern verhieß uns: Im Lande der Juden ist ein neuer König geboren.

Herodes: *(zornig)* Gar nichts ist hier! Euer Stern ist nur Hokuspokus!

Kaspar: *(will sich rechtfertigen)* Verzeiht, aber wir sind Wissenschaftler…

Herodes: Scharlatane seid ihr! Kommt hier mit dieser erfunden Geschichte von einem neugeborenen Königssohn an.
(misstrauisch) Was führt ihr wirklich im Schilde? Heraus mit der Sprache.

Balthasar:	Nichts...
Diener:	*(zu Herodes)* Lasst doch den Schriftgelehrten kommen. Vielleicht ist ja was dran an ihrem Bericht. Wenn einer Näheres sagen kann, dann Levi.
Herodes:	Gut, bring ihn her. – Und ihr bleibt, wo ihr seid! *(Der Diener kommt kurz darauf mit Levi zurück.)*
Herodes:	Jetzt erzählt ihm eure Geschichte.
Melchior:	Wir suchen... einen neugeborenen König.
Kaspar:	Ein Stern hat ihn uns verheißen.
Herodes:	*(gebieterisch)* Was weißt du darüber?
Levi:	*(nachdenklich)* Nun, es könnte sein...
Herodes:	*(wendet sich verächtlich ab)* Geschwätz!
Levi:	So rate ich euch: Geht nach Bethlehem. Denn so steht es beim Propheten Micha.
Herodes:	*(gönnerhaft)* Bethlehem... Also, ihr habt es gehört: Geht nach Bethlehem. Sucht das Kind. Und auf dem Rückweg kommt ihr wieder her zu mir und berichtet mir davon. Und nun: Guten Weg. *(winkt sie weg)*
Sterndeuter:	*(gemeinsam)* Shalom.

SZENE 4A:	**Am Rande der Spielfläche**
Sarah:	*(wissbegierig)* Und weiter? Sie haben doch das Kind gefunden, die Sterndeuter?
Ruth:	Aber ja.
Sarah:	Und haben Herodes davon berichtet?
Ruth:	Aber nein. Ein Engel Gottes hieß sie im Traum, auf einem anderen Weg in ihr Heimatland zurückzukehren.
Sarah:	*(erleichtert)* Gott sei Dank! – *(Sie drängt weiter.)* Also, eines Abends klopften die Sterndeuter an deine Tür?
Ruth:	Nein, nein, der Reihe nach. Erst kommen die Hirten. *(Sie geht zur Mitte für die nächste Szene.)*

SZENE 4B: **Vor der Herberge**

(Die Hirten stehen vor der Tür der Herberge. Ruth ist im Haus.)

Daniel: *(klopft)* Ruth! Ruth!

Ruth: Was habt ihr? Ihr weckt ja alle Gäste auf! Wieso seid ihr nicht auf dem Feld draußen?

Thomas: *(begeistert)* Ein Engel war bei uns!

Jakob: Nein, viele!

Thomas: Einer hat sogar zu uns gesprochen. Können wir zu dem Kind?

Ruth: *(inzwischen vor dem Haus)* Langsam, langsam. Ihr habt, glaube ich, zuviel Wein getrunken.

Daniel: Keinen Schluck haben wir getrunken.

Jakob: *(verschmitzt)* Also, ich schon...

Thomas: Können wir nun zu dem Kind?

Ruth: *(versteht immer noch nichts)* Zu welchem Kind denn?

Thomas: *(ungeduldig)* Na, zu dem Kind im Stall. Sag bloß, du weißt von nichts?

Ruth: Da wisst ihr wirklich mehr als ich.

Daniel: Es ist der Retter, den Gott uns geschickt hat. Gottes Sohn.

Ruth: *(wehrt ab)* Nein, nein, der Vater heißt Josef.

Jakob: Ach, du verstehst das jetzt nicht. Wir erklären dir's auf dem Weg zum Stall. *(Er zieht sie mit.)* Nun komm!

Ruth: Na, wenn das mal kein Scherz ist.

(Die Sterndeuter haben sich genähert und sehen die Gruppe davongehen.)

Kaspar: Wartet, ihr guten Leute. Wir haben eine Frage...

Thomas: *(unsicher)* Oh, Gelehrte... Ruth, rede du mit ihnen...

Ruth: Ein Zimmer kann ich euch nicht vermieten.

Kaspar: Nein, wir brauchen keine Unterkunft. Wir suchen ein neugeborenes Kind.

Melchior: Es soll ein kommender König sein. Ein Stern hat uns das angezeigt.

Ruth:	*(verwundert)* Jetzt versteh ich allmählich gar nichts mehr. Erst ein Engel, dann ein Stern.
Melchior:	Ein Engel?
Ruth:	Ja, diese drei Hirten haben mir soeben von diesem Kind erzählt. Es soll in meinem Stall geboren sein. Und ich weiß nicht einmal etwas davon.
Balthasar:	*(wendet sich an die Hirten)* Seid gegrüßt. Wir sind Sterndeuter aus dem Morgenland.
Jakob:	Und ich bin Jakob der Musikant. Das ist der berühmte Artist Daniel. Und dies ist Thomas, der Minister.
Balthasar:	Soso… Aber, wo ist der Stall?
Ruth:	Dort hinten. Geht nur, ich komme gleich nach.

SZENE 5A: **Am Rande der Spielfläche**

(Ruth ist wieder bei Sarah.)

Sarah:	Und? Bist du mit in den Stall gegangen?
Ruth:	Natürlich. Die Hirten waren übermütig, die Sterndeuter unsicher. Sie haben Maria und Josef begrüßt und den kleinen Jesus bestaunt. Maria hatte ihn in Windeln gewickelt und in die Futterkrippe gelegt. Die Sterndeuter haben sich vor der Krippe sogar niedergekniet.
Sarah:	Hatten sie Geschenke dabei für das Kind?
Ruth:	Aber ja, sogar kostbare. Doch sieh nur selbst.

SZENE 5 B: **Im Stall**

(Ruth geht auch zur Krippe.)

Balthasar:	In diesem Kästchen ist reines Gold. *(Er zeigt es herum.)*
Melchior:	Ich habe Weihrauch mitgebracht, duftendes Räucherwerk. *(Riecht genießerisch daran.)*
Kaspar:	Ich schenke Myrrhe, das kostbare Duftöl. *(Die Sterndeuter knien nebeneinander.)* Denn der Stern hat es uns kundgetan: Du wirst ein König sein.
Daniel:	*(traurig)* An Geschenke haben wir in der Eile gar nicht gedacht.

Thomas:	Ich renne nochmals aufs Feld zurück und hole was.
Maria:	Nein, bleibe hier. Geschenke sind schön, aber wichtiger sind Freunde.
Jakob:	Wir bringen euch morgen ein wärmendes Fell für das Kind und einen Topf mit Schmalz.
Thomas:	Und eine Flasche Traubenwein können wir auch noch entbehren.
Josef:	Die gelehrten Herrn hier sahen einen Stern. Doch wie habt ihr von uns erfahren?
Daniel:	Also, da waren plötzlich Engel bei uns auf dem Feld. Einer erzählte uns genau das, was wir hier sehen.
Thomas:	Vom Neugeborenen, das in einer Futterkrippe liegt.
Daniel:	Und dass wir keine Angst haben sollten.
Jakob:	Hattest du etwa Angst?
Thomas:	Und dass dieses Kind Gottes Sohn ist und unser Erlöser werden wird.
Josef:	*(nachdenklich)* Der Sohn eines Zimmermanns, geboren in einem Stall – in einer Futterkrippe liegend – der Erlöser? Es fällt mir schwer, das zu glauben.
Maria:	Mir nicht, Josef. Ich weiß es schon längst.
	(Alle gehen am Ende des Liedes ab. Ruth geht wieder zu Sarah zurück.)

● Gemeindelied: »Zu Bethlehem geboren« (EG 32,1+2; GL 140,1+2; Hal 43,1+2; LJ 37,1+2)

SZENE 6A: **Am Rande der Spielfläche**

Sarah:	*(glücklich)* Ach, die Geschichte ist zu schön…
Ruth:	Ja, aber leider schon zu Ende. Wie die Mandeln…
Sarah:	Ja, Maria und Josef sind mit dem Kind wieder unterwegs. Im Stall stehen nur noch die Tiere. Die Sterndeuter reiten in ihre Heimat zurück.
Ruth:	Aber die Hirten, Sarah!

Sarah: Da hast du recht! Daniel, Jakob und Thomas sind kaum wie-
derzuerkennen. Sie waren oft so traurig, manchmal mürrisch.
Und jetzt? Sie sind viel fröhlicher geworden. Das kleine Kind
hat sie verändert.

Ruth: Sarah, wir haben jetzt lange geplaudert.

Sarah: Schön war's, Ruth. Morgen komme ich mit frischen Mandeln...
Obwohl ich das   Kind nie gesehen habe, macht mich die
Geschichte froh.

Ruth: Das ist gut so.

● Gemeindelied: »O du fröhliche« (EG 44,1-3; Hal 98,1-3; LJ 45,1-3;
TG 355,1-3) oder »Stille Nacht« (GL 145,1-3; Hal 100,1-3;
TG 354,1-3)

Franzi erlebt die Weihnachtsgeschichte

Thomas Reuter

Vorbemerkungen:

Das Stück verbindet die heutige Zeit mit der biblischen Weihnachtsgeschichte. Ein Mädchen packt die Figuren der Weihnachtskrippe aus, während der Vater den Weihnachtsbaum schmückt. Mit jeder Figur, die sie aus der Kiste holt, treten diese Personen „echt" auf und spielen ihre Geschichte. Der Hl. Josef kommt als erstes. Er führt das Mädchen durch die Weihnachtsgeschichte. Ein originelle Idee der Darbietung.

Die beiden Spielhandlungen (Rahmenhandlung und Weihnachtsgeschichte) muss man räumlich gut trennen. Benötigt werden ein Weihnachtsbaum und Schmuck, Krippenfiguren, eine Futterkrippe und Heu. Die Spieler/innen tragen ihrer Rolle entsprechende Kleidung. An einem Platz ist ein Stall aufgebaut. Weitere Angaben stehen im Text.

Nach dem Spiel könnte man gemeinsam mit den Kindern die Weihnachtskrippe in der Kirche mit den Krippenfiguren ausstatten.

Spieler/innen:	Franzi (Kind)	Verkündigungsengel
	Vater	Kaspar
	Maria	Melchior
	Josef	Balthasar
	Wirt	Schriftgelehrter
	Hirte Matthäus	
	Hirte Daniel	

---

1. SZENE: **Am Weihnachtsabend**

(Auf der Spielfläche steht ein Weihnachtsbaum. Franzi und ihr Vater treten auf. Der Vater trägt mehrere Kisten herbei und stellt diese ab. Eine der Kisten gibt er Franzi in die Arme.)

Vater: So, du darfst inzwischen die Figuren auspacken.

Franzi: *(enttäuscht)* Machst du nicht mit, Papi?

Vater: Nein, nein! Ich muss den Weihnachtsbaum noch schmücken. Der soll doch zur Bescherung fertig sein, oder?

(Er streichelt Franzi über's Haar und geht zum Weihnachtsbaum.)

Franzi: *(bittet)* Hängst du in diesem Jahr ein paar Äpfel mit an den Baum und Pfefferkuchen?

Vater:	Nicht doch! Nur die bunten Kugeln. Die haben deine Urgroß- eltern schon an ihren Weihnachtsbaum gehängt.
Franzi:	Aha! *(Sie beginnt ihre Kiste auszupacken und nimmt die Figur der Maria in die Hand.)* Die Maria! *(Sie stellt die Figur neben sich. Als nächstes nimmt sie die Krippe mit dem Kind in die Hand. Sie fragt den Vater.)* Wie heißt das Baby in der Futterkrippe?
Vater:	*(mit dem Schmuck beschäftigt)* Das ist das Jesulein.
Franzi:	Das kleine Jesulein. *(Im nächsten Päckchen, das sie öffnet ist der Hl. Josef.)* Ist das der Josef oder einer von den Hirten?
Vater:	*(unwillig)* Franzi, hör mal! Wie soll ich das von hier aus erken- nen? Lass mich den Baum schmücken und kümmere du dich um die Weihnachtsfiguren, ja!
Franzi:	Ja, ja! *(Wieder zur Figur gewandt.)* Bist du der Hirte oder der Josef? *(Franzi sieht nicht, dass jetzt der »echte« Hl. Josef auftritt mit einem Brot einem Stück Käse und einem Krug in der Hand. Auch der Vater bemerkt den Gast nicht.)*
Josef:	Das ist der Josef!
Franzi:	*(fährt erstaunt herum)* Wer bist du denn?
Josef:	Ich bin auch der Josef, der richtige. *(Er stellt die Sachen ab, die er dabei hat. Sie bleiben dort bis zur 6. Szene stehen. Die 2. – 5. Szene ist als »Erzählung« des Josef zu verstehen.)*
Franzi:	*(Franzi steht auf und vergleicht den »echten« Josef mit der Holzfigur. Sie schüttelt den Kopf.)* Ihr seht euch aber überhaupt nicht ähnlich.
Josef:	Du glaubst mir wohl nicht?
Franzi:	*(zu ihrem Vater)* Papi, hier ist der richtige Josef!
Vater:	Ja, ja. Du kannst ruhig ein bisschen mit den Figuren spielen. Aber vorsichtig, Franzi, die waren teuer.
Franzi:	*(zum »echten« Josef)* Wenn du der richtige Josef bist, wo ist dann Maria?
Josef:	Da hinten. *(Er ruft sie.)* Maria! *(Maria tritt auf – hochschwanger, während Franzi die entsprechende Figur auspackt und das Schnitzwerk mit der »echten« Maria vergleicht.)*

Franzi:	Hui! Deine Frau ist aber dick...
Josef:	Weißt du, das Kind, das da bei deinen Figuren in der Krippe liegt, das ist jetzt noch in Marias Bauch.
Franzi:	Das Jesulein?
Josef:	*(korrigiert)* Das Jesulein? Es soll wohl Jesus heißen. Du heißt doch auch nicht Franzilein. Aber sag mal, kennst du die Geschichte von der Geburt unseres Kindes eigentlich?
Franzi:	Na ja. Da gab es so Hirten – und Könige – und Engel mit einen Stern...
Josef:	*(unterbricht Franzi)* Oder so ähnlich... Wenn du etwas Zeit hast, dann erzähle ich dir alles. Einverstanden?
Franzi:	Klar!

● Gemeindelied: »Lobt Gott, ihr Christen alle gleich« (EG 27,1+2; GL 134,1+2; Hal 32,1+2; LJ 34, 1+2)

2. SZENE: **Die Herbergsuche**

(Josef und Maria sind inzwischen von Franzi weggegangen. Sie sind jetzt in Bethlehem und suchen nach einem Quartier. Josef klopft an die Tür eines Gasthauses. Der Wirt öffnet.)

Josef:	Schalom! Guten Abend.
Wirt:	Guten Abend. Ihr braucht ein Zimmer?
Josef:	Richtig.
Wirt:	Da kommt ihr etwas spät. Zu spät! Ihr seid wohl wegen der Volkszählung in der Stadt?
Maria:	Ja. Wir kommen aus Nazareth und müssen uns hier in Bethlehem in die Steuerlisten eintragen lassen.
Josef:	Und dabei ist meine Frau hochschwanger. Aber darauf nehmen die Hohen Herren keine Rücksicht.
Wirt:	Wem sagt ihr das? Ich zum Beispiel muss soviel Steuern bezahlen, dass kaum noch etwas zum Leben bleibt. Das Haus wollte ich schon längst neu streichen lassen. Das Dach verlangt dringend nach einer Reparatur. Aber das Geld reicht dafür nicht. In diesen Tagen könnte ich natürlich wirklich etwas verdienen. Aber dazu habe ich wieder nicht genügend Zimmer

| | zum Vermieten. Ihr seid nicht die ersten, die ich wieder wegschicken muss. |

zum Vermieten. Ihr seid nicht die ersten, die ich wieder wegschicken muss.
Ein Jammer! – So hat jeder seine Sorgen, nicht wahr?

Josef: Na ja! Trotzdem vielen Dank.

Maria: Und noch einen guten Abend.
(Franzi mischt sich jetzt in die Szene ein.)

Franzi: Ich probier's mal bei meinem Papi. – *(Sie geht zu ihm.)*
Du, Papi, da sind zwei Leute, die wollen ein Zimmer mieten.

Vater: Oh, nein! Sag ihnen, deine Eltern sind nicht zu Hause. Und schließe dann die Tür ab!
(Franzi kehrt enttäuscht wieder zu Maria und Josef zurück.)

Maria: Sei nicht traurig. So wie dein Vater haben die meisten reagiert.

Franzi: Aber irgendwo müsst ihr doch schließlich übernachtct haben?

Josef: Wir sind einfach in einen leeren Stall gegangen, draußen vor der Stadt. *(Maria und Josef gehen dorthin.)*
Die Tiere waren irgendwo auf den Feldern. In dieser Nacht hat Maria unser Kind bekommen. In der Ecke des Stalls stand eine Futterkrippe.
(Er holt eine Krippe und stellt sie auf. Er holt Heu und beginnt damit die Krippe auszupolstern.)
Die Krippe habe ich mit Heu ausgepolstert und das war die erste Wiege für unseren Jesus.
(Maria legt das Kind in die Krippe. Während der nächsten Szene bleiben Maria und Josef im Stall von Bethlehem.)

● Gemeindelied: »Lobt Gott, ihr Christen alle gleich« (EG 27,3+6; GL 134,3+4; Hal 32,3+6; LJ 34, 3+6)

3. SZENE: Die Hirten auf dem Feld

(Während Franzi die nächsten Figuren auswickelt, treten die »echten« Hirten auf.)

Franzi: *(wickelt die nächste Figur aus)* Aha, ein Hirte!

Matthäus: *(tritt auf)* Wo nur Daniel so lange bleibt? Er wollte nur nach den Hunden schauen.

Franzi: Moment, ich muss ihn erst noch auswickeln.
(Sie packt den nächsten Hirten aus.)

Daniel:	Da bin ich schon! Huch, es ist kalt in dieser Nacht. Sternenklarer Himmel und der Frost zwackt in die Ohren. *(Er reibt sich seine Ohren.)*
Matthäus:	Setz dich ans Feuer, das wärmt.
Daniel:	Im Sommer ist es wirklich angenehm, nachts hier draußen bei der Schafherde zu sein. Aber jetzt... Gegen die Kälte hilft wirklich nur das Feuer – und ab und zu ein Schluck aus der Flasche. *(Er zieht seine Flasche heraus und trinkt. Dann reicht er sie an Matthäus weiter.)*
Matthäus:	Wenn ich zur Arbeit aufs Feld gehe, schaue ich unterwegs oft in die erleuchteten Zimmer. Da kann man leicht neidisch werden. Dort drüben zum Beispiel in diesem Haus. *(Er deutet in die Richtung, wo Franzi und ihr Vater stehen.)* Da ist es warm, der Vater schmückt einen Baum, das Töchterchen spielt mit Holzfiguren. Denen geht's gut.
Daniel:	*(seufzt)* Ja, ein eigenes Häuschen mit einem warmen Ofen, das wär was. Aber das Träumen nutzt uns nichts, Matthäus. Wir werden es nie zu etwas bringen. Gerade soviel bleibt uns, dass wir unsere Familien recht und schlecht ernähren können. Alle anderen Wünsche... *(Handbewegung, die die Vergeblichkeit dieser Träume ausdrückt).*
Matthäus:	Als Kind habe ich einen Spruch aus dem Buch des Propheten Jesaja auswendig gelernt. Er gefiel mir schon damals so gut: »Denn uns ist ein Kind geboren, ein Sohn ist uns gegeben, und die Herrschaft ruht auf seiner Schulter, und er heißt Wunder-Rat...«
Daniel:	Gott-Held!
Matthäus:	Ewig-Vater!
Daniel:	Friede-Fürst!
Matthäus:	»auf dass seine Herrschaft groß werde und des Friedens kein Ende auf dem Thron Davids und in seinem Königreich, dass er's stärke und stütze durch Recht und Gerechtigkeit von nun an bis in Ewigkeit.«
Daniel:	Recht und Gerechtigkeit – das klingt gut. Aber der Prophet Jesaja lebte vor ein paar hundert Jahren – und noch ist uns dieses versprochene Kind nicht geboren.

(Der Verkündigungsengel tritt auf, evtl. ist er auch nur aus dem Hintergrund zu hören.)

Engel: »Fürchtet euch nicht! Siehe ich verkündige euch große Freude, die allem Volk widerfahren wird; denn euch ist heute der Heiland geboren in der Stadt Davids, die da heißt Bethlehem; das ist Christus, der Herr. Und das habt zum Zeichen: Ihr werdet finden das Kind in Windeln gewickelt und in einer Krippe liegen. Ehre sei Gott in der Höhe und Friede auf Erden und den Menschen ein Wohlgefallen.«

(Die Hirten bleiben zunächst noch an ihrem Lagerplatz.)

● Gemeindelied: »Vom Himmel hoch« (EG 24,1-3; GL 138,2-4 – Strophe 1: »Es kam ein Engel«; Hal 23,1-3; LJ 32,1-3)

4. SZENE: **Franzi und der Heilige Josef**

(Franzi hat inzwischen den Engel gefunden und ausgepackt. Sie zeigt die Figur jetzt dem Heiligen Josef. Josef kommt auf Franzi zu.)

Franzi: Hier ist der Engel! – Du, Josef, gibt es Engel wirklich? Haben die Flügel?

Josef: Ich weiß nicht. Ich war auf dem Feld bei den Hirten nicht dabei. Sie sagten, mitten in der Nacht sei es plötzlich ganz hell und klar gewesen. Und Maria hat mir von einem Engel erzählt. Der hieß Gabriel und hat ihr angekündigt, dass wir einen Sohn bekommen würden. Nur ich habe noch keinen Engel gesehen…

Franzi: Mach dir nichts draus, ich auch nicht. Und was ist mit den Königen? Ist denen ein Engel erschienen?

Josef: Das ist eine andere Geschichte. Ich weiß nicht einmal, ob es Könige waren. Studierte Männer, das waren sie. Sie kamen aus fernen Ländern, aber sie kannten unsere Sprache. Sie waren klug und reich. *(Er deutet auf die Kiste mit den Figuren, die vor Franzi steht.)* Sieh nur nach!

Franzi: *(ruft)* Papi, die Könige kommen gleich!

(Der Vater ist nach wie vor mit dem Schmuck des Weihnachtsbaums beschäftigt und missversteht die Aussage der Tochter. Josef bleibt während der nächsten Szene bei Franzi stehen.)

Vater: Ja, ja, aber schau nicht den ganzen Nachmittag Fernsehen!

5. SZENE:	**Die Sterndeuter**

(Während Franzi zwei Sterndeuter auspackt, treten diese »echt« auf.)

Kaspar:	Nun sind wir bald am Ziel. Der Ort da vorn muss Bethlehem sein.
Melchior:	Ich traue diesem König Herodes nicht. Er hat uns etwas vorgespielt.
Kaspar:	Du hast recht. Als er uns empfing, war er zunächst misstrauisch und ablehnend.
Melchior:	Es ist aber auch zu seltsam, dass der verhießene Königssohn nicht im Palast des Königs geboren wurde.
Kaspar:	Aber dann, als der Schriftgelehrte uns aus dem Buch des Propheten Micha vorgelesen hatte, wurde Herodes plötzlich freundlich und zuvorkommend. Ob er uns hinter's Licht führen wollte?
Melchior:	Erinnerst du dich noch an den Text? Er war so voller Hoffnung und Zuversicht.

(Ein Schriftgelehrter tritt auf, der den folgenden Text spricht. Man kann ihn auch von Kaspar vortragen lassen oder er ist nur aus dem Hintergrund zu hören.)

Schriftgelehrter:	»Und du, Bethlehem Ephrata, die du klein bist unter den Städten in Juda, aus dir soll mir der kommen, der in Israel Herr sei, dessen Ausgang von Anfang und von Ewigkeit her gewesen ist.«
Kaspar:	Bethlehem... Melchior, ich bin richtig aufgeregt. In wenigen Augenblicken werden wir das Köniskind sehen, das sogar durch Sterne angekündigt wurde.
Melchior:	Wo nur Balthasar bleibt?
Kaspar:	Er war doch immer hinter uns. Ob er sich verlaufen hat?
Beide:	*(rufen laut in die Richtung, aus der sie gekommen waren)* Balthasar! Balthasar!
Josef:	*(zu Franzi)* Hast du drei Sterndeuter ausgepackt?
Franzi:	Ach, das sind drei? Ich dachte bloß zwei. *(Sie sucht in der Kiste.)* Warte mal, ich schaue nach. – Ich glaube, da ist noch einer. Moment...

(Wenn sie die Figur gefunden hat, kommt Balthasar gerannt. Er ist etwas außer Atem, als er bei den beiden anderen ankommt.)

Balthasar:	Da bin ich schon. Gut, das ihr auf mich gewartet habt. Ich habe ein wenig ausgeruht, und bin dabei wohl eingeschlafen. Da erschien mir im Traum ein Engel. Er sagte mir, wir sollten auf dem Rückweg nicht wieder zu Herodes gehen.
Kaspar:	Dann werden wir das auch tun. *(Balthasar und Melchior nicken.)* Nun komm! Es sind nur noch wenige Schritte bis zum neugeborenen König. Hast du dein Geschenk?
Balthasar:	*(sucht)* Äh – ja. Lasst uns gehen.

● Gemeindelied: »Zu Bethlehem geboren« (EG 32,1+2; GL 140,1+2; Hal 43,1+2; LJ 37,1+2)

6. SZENE: **Im Stall von Bethlehem**

(Die Hirten und die Sterndeuter sind bereits unterwegs zum Stall. Josef verabschiedet sich von Franzi.)

Josef:	*(zu Franzi)* Nun muss ich schnell zum Stall gehen. Die Hirten sind bereits unterwegs, die Sterndeuter ebenfalls. Und Maria wird sicher auch schon auf mich warten.
Franzi:	Und das Jesulein.
Josef:	Wer?
Franzi:	Der kleine Jesus, meine ich. *(Josef hebt Brot, Käse und den Krug vom Boden auf und geht zum Stall zurück. Maria tadelt ihn.)*
Maria:	Es wird Zeit, dass du kommst, Josef! Auch ein Vater darf sich um sein Neugeborenes kümmern.
Josef:	*(beschwichtigt)* Sei nicht ärgerlich, Maria. Ein kleines Mädchen wollte unbedingt unsere Geschichte hören.
Maria:	Du hast doch beim Erzählen nicht vergessen, mir etwas zu Essen mitzubringen?
Josef:	Aber nein! Hier sind Brot, Käse und ein Krug Most. – Ich glaube, wir bekommen gleich Besuch.
Maria:	Besuch? Aber, Josef, uns kennt doch keiner in Bethlehem.
Josef:	Gott hat sich darum gekümmert, dass Menschen von der Geburt unseres Kindes erfahren. Die Verheißungen haben sich

erfüllt, Maria! Es ist unvorstellbar: Unser Kind ist auch Gottes Sohn!
(Maria erinnert sich wieder an die Botschaft des Engels Gabriel.)

Maria: »Fürchte dich nicht, denn du hast Gnade bei Gott gefunden. Du wirst ein Kind empfangen, einen Sohn wirst du gebären, dem sollst du den Namen Jesus geben. Er wird groß sein und Sohn des Höchsten genannt werden. Gott, der Herr, wird ihm den Thron seines Vaters David geben. Er wird über das Haus Jakob in Ewigkeit herrschen, und seine Herrschaft wird kein Ende haben.«
Das sagte der Engel damals zu mir.

Josef: *(nachdenklich)* Ja, ja, der Engel Gabriel. – Du hast es mir oft erzählt. Aber, entschuldige, so recht glauben kann ich es erst heute, da fremde Menschen in diesen Stall kommen, um den Sohn Gottes anzubeten. Diese Hirten da zum Beispiel...
(Er deutet auf die Hirten, die gerade zum Stall kommen.)

Daniel: *(unsicher)* Verzeiht, eine Frage – eine seltsame Frage, aber wir suchen ein Kind?

Matthäus: Ein Neugeborenes. Also, nicht aus unseren Familien, sondern eins in einer Futterkrippe.

Daniel: Da ist es! Wisst ihr, wer dieses Kind ist?

Josef: *(voll Vaterstolz)* Natürlich: Jesus, mein Sohn.

Maria: Und der Sohn Gottes!
(zu Josef) Du erinnerst dich doch...

Matthäus: Dann sind wir wirklich richtig. Ein Engel hat uns hergeschickt. Das klingt sicher komisch – aber es ist wahr! Der Kleine dort – wie heißt er?

Franzi: Jesus!

Matthäus: Danke! Also, dieser Jesus ist der Messias, der Retter, auf den wir schon so lange Zeit warten.

Daniel: Es ist wirklich ein ganz besonderes Kind! *(Er streichelt das Baby.)*

Matthäus: Und uns Hirten wurde es verkündet!
(Während die Hirten vor der Krippe knien, nähern sich jetzt die Sterndeuter dem Stall.)

Kaspar: Der Stern scheint still zu stehen. Hier muss es sein.

Melchior:	Da ist nur ein Stall!
Balthasar:	Aber ein Lichtstrahl dringt heraus. Vielleicht ist ein Hirte da und kann uns weiterhelfen. *(Jetzt kommen sie zum Stall. Kaspar geht voraus.)*
Kaspar:	Ein Hirte? Gleich drei – und eine Frau! Wir grüßen euch!
Josef:	Schalom! *(zu Maria, triumphierend)* Die nächsten Gäste! *(zu den Sterndeutern)* Seid willkommen!
Matthäus:	Ihr sucht den Gottessohn? – Da liegt er! *(Er deutet auf die Futterkrippe.)*
Daniel:	*(leise)* Aber nicht aufwecken!
Melchior:	*(tritt zur Krippe)* Tatsächlich! Das Kind, das uns der Stern verhieß. *(verwundert)* Der Königssohn erblickt in einem Stall das Licht der Welt!
Balthasar:	Das könnte ein König werden, der die Sorgen und Nöte der Menschen versteht.
Kaspar:	*(tuschelt mit den beiden anderen)* Die Geschenke!
Melchior:	Die liegen noch draußen! Ich hole sie! *(Die Sterndeuter legen dann ihre Geschenke an der Krippe nieder und knien sich hin.)*
Balthasar:	Wir bringen dir Gold, Weihrauch und Myrrhe.
Kaspar:	Wir sind froh, dass unsere lange Reise hier ihr Ziel gefunden hat.
● Gemeindelied:	»Zu Bethlehem geboren« (EG 32,3+4; GL 140,3+4; Hal 43,3+4; LJ 37,3+4)
	(Josef geht nochmals zu Franzi. Alle anderen bleiben im Stall bei der Krippe.)
Franzi:	Das war eine schöne Geschichte. Schade, dass sie schon zu Ende ist.
Josef:	Sie ist ja noch gar nicht zu Ende. Es fehlt noch jemand!
Franzi:	*(verwundert)* Wer denn?
Josef:	Schau doch mal in deine Kiste!
Franzi:	He, da ist ja noch ein Päckchen. Wer ist da drin? Noch ein Hirte oder ein Sterndeuter? *(Josef schüttelt den Kopf.)* Oder vielleicht ein Schaf?

Josef: Schau nach!

Franzi: *(wickelt die Figur aus)* Ein Kind. Es müsste noch ein Kind kommen.
                  (Sie schaut sich suchend um.) Es ist keines da.
                  (Josef blickt sie einladend an.)

                  Darf ich denn? *(Josef nickt. Franzi geht zu ihrem Vater. Der gerade dabei
                  ist, Lametta zu schneiden.)*
                  Papi, kommst du mit das Baby anschauen?

Vater: Stör mich jetzt bitte nicht, Franzi, ich schneide das Lametta
                  gerade.
                  *(Franzi geht mit Josef zaghaft zu den anderen und schaut sich das Kind in der
                  Krippe an.)*

Franzi: *(erfreut)* Das kleine Jesulein!

Josef: *(freundlich tadelnd)* Wer?

● Gemeindelied: »Ich steh an deiner Krippen hier« (EG 37,1+2+4;
  GL 141,1+2+4; Hal 86,1+2+4; LJ 42,1+2+4)

III. Heute ist Weihnachten

Es weihnachtet sehr

Kurt Rainer Klein

Vorbemerkungen:

Die kurzen Szenen möchten den Sinn des Weihnachtsfestes verdeutlichen. Was verändert sich durch Weihnachten? – Wie muss Weihnachten gefeiert werden?
Die Szenen spielen teilweise in der heutigen Zeit, teilweise blenden sie zurück auf die Ereignisse in der ersten Heiligen Nacht. Das Stück ist nicht für die Weihnachtsfeier der Kinder geeignet, sondern eher für Jugendliche (Konfirmanden) oder auch für den Weihnachtsgottesdienst der Gemeinde.

Spieler/innen:	1. Szene: Drei Sprecher/innen	4. Szene: Zwei Sprecher/innen
	2. Szene: Drei Hirten	5. Szene: Zwei Sprecher/innen
	3. Szene: Sie und Er	

---

1. SZENE: **Wunschzettel**

(Drei Sprecherinnen)

1. Sprecher/in: Ich wünsche mir in diesem Jahr zu Weihnachten…

2. Sprecher/in: *(spöttisch)* Ja, was denn wohl?

3. Sprecher/in: Du hast doch schon alles.

1. Sprecher/in: Eben deswegen wünsche ich mir in diesem Jahr…

2. Sprecher/in: Jetzt sag bloß, du hast immer noch nicht genug?

3. Sprecher/in: Was wäre denn Weihnachten auch ohne Wünsche?

1. Sprecher/in: Sag ich doch! Aber…

2. Sprecher/in: *(spottet)* Ich vermute, sie will uns jetzt ihren Wunschzettel vorlesen.

3. Sprecher/in: Ich bin schon ganz neugierig.

1. Sprecher/in: Wenn ihr endlich einmal zuhören würdet, dann…

2. Sprecher/in: Ich ahne schon, du willst das neue Parfum von Chanel.

3. Sprecher/in: Oder vielleicht ein Kleid von Dior?

1. Sprecher/in:	Nein, nein, nein. – Ich will..., aber das versteht ihr ja doch nicht!
2. Sprecher/in:	Klar, du willst die Armbanduhr von Colani.
3. Sprecher/in:	Oder doch die extravagante Brille von Karl Lagerfeld?
1. Sprecher/in:	Ich wünsche mir *Weihnachten!*
2. Sprecher/in:	Was willst du damit sagen?
1. Sprecher/in:	Ich wünsche mir *Weihnachten!*
3. Sprecher/in:	Was heißt denn das?
1. Sprecher/in:	Das heißt: *Frieden.* Das heißt: *Liebe.* Das heißt: *Verstehen.*
2. Sprecher/in:	Was ist das für eine romantische Anwandlung?
3. Sprecher/in:	Du bist wohl von allen guten Geistern verlassen.
1. Sprecher/in:	Nein! Ich wünsche mir *Weihnachten*, das ist alles. So, wie es Gott gedacht hat. Mit singenden Engeln und dem Frieden auf Erden!

2. SZENE: Hirtengeplauder

(Drei Hirten sitzen zusammen und unterhalten sich.)

1. Hirte:	Wir haben das Kind gesehen im Stall von Bethlehem.
2. Hirte:	Wie der Engel uns gesagt hat: in Windeln gewickelt und auf Stroh liegend.
3. Hirte:	Nun sind schon viele Jahre vergangen seit dieser besonderen Nacht.
1. Hirte:	Was wir in dieser Nacht gesehen haben, hat uns nicht mehr losgelassen.
2. Hirte:	Es ist ein Wunder! Gott ist als ein Kind zur Welt gekommen und hat die Dunkelheit unseres Lebens erleuchtet.
3. Hirte:	Vieles ist bei uns seit diesem Erlebnis ganz anders geworden.
1. Hirte:	Seit dieser Zeit habe ich mich nicht mehr vor meiner Arbeit gedrückt.
2. Hirte:	Ich habe das Trinken aufgegeben und bin ein anständiger Mensch geworden.
3. Hirte:	Meine Frau habe ich nie mehr geschlagen, sondern sie als gleichwertige Partnerin anerkannt.

1. Hirte:	Ich habe erfahren, was »Frieden mit Gott haben« heißt: eben in allem sein Bestes geben.
2. Hirte:	Ich habe den Frieden mit mir selbst wiedergewonnen, seit ich trocken und nicht mehr abhängig bin.
3. Hirte:	Ich habe Frieden mit meinem Nächsten gefunden, der sich in der Familie und im Umgang mit Anderen zeigt.
1. Hirte:	Ja, seit der heiligen Nacht im Stall zu Bethlehem ist vieles anders geworden.
2. Hirte:	Das Kind hat uns gezeigt, wie man sein Leben noch einmal von vorne beginnt.
3. Hirte:	Wir sind alle dadurch zufriedener und glücklicher geworden.
1. Hirte:	Ob heute in dieser Nacht wieder Menschen dem Kind begegnen?
2. Hirte:	Und erfahren, dass sich ihr Leben zum Besseren hin ändern kann?
3. Hirte:	Und spüren, was Weihnachten wirklich bedeutet: Frieden auf Erden!

3. SZENE:	## Beim Zeitunglesen

(Ein Ehepaar sitzt am Tisch. Sie lesen Zeitung.)

Er:	Hast du gelesen, was heute in der Zeitung steht?
Sie:	Ja, lauter großartige Dinge!
Er:	In einem Dorf, unweit von hier, feiern sie Weihnachten ganz anders.
Sie:	Nicht zu glauben: Jede Familie nimmt an Heilig Abend einen einsamen Menschen auf, damit keiner allein bleiben muss.
Er:	Und hier steht: In Hausenheim bleiben über die Feiertage die Autos in der Garage. Jeder läuft der Umwelt zuliebe durchs Dorf und wünscht jedem, den er trifft oder kennt, fröhliche Weihnachten.
Sie:	Eine andere Notiz heißt: ‚Geschenke für ein Waisenhaus'. Da steht, dass in Liebesstadt jedes Haus ein Geschenk-Päckchen für Waisenkinder in einem Waisenhaus schnürt und schenkt…

Er:	Unglaublich, wie Weihnachten die Menschen verändert und die Liebe in ihnen weckt.
Sie:	Hier steht noch etwas Großartiges: Jugendliche wollen zu Weihnachten keine Spielsachen geschenkt bekommen, sondern Geld, das sie für medizinische Geräte in Russland sammeln und spenden.
Er:	Weihnachten öffnet Herzen. Was kann man Schöneres schenken als Liebe, Frieden und Freude?!
Sie:	Ach, wäre das doch überall so, wie es hier in der Zeitung zu lesen ist.
Er:	Unvorstellbar, wie anders unsere Welt aussehen würde!
Sie:	Ja, Weihnachten bedeutet: Menschlich werden, wenn Gott kommt.

4. SZENE: **Im Stall**

(2 Sprecher/innen. Sie sitzen zum Beispiel auf einem Strohballen.)

1. Sprecher/in:	Wenn Ochs und Esel erzählen könnten…
2. Sprecher/in:	Und dann?
1. Sprecher/in:	Sie würden uns in dieser Nacht erzählen , was vor Jahren hier geschah.
2. Sprecher/in:	Bist du dabei gewesen?
1. Sprecher/in:	Ja, ich war dabei und habe alles mit meinen eigenen Augen und Ohren gesehen und gehört.
2. Sprecher/in:	Was war denn so besonders damals?
1. Sprecher/in:	Ein Mann kam mit seiner schwangeren Frau und dann kam das Kind zur Welt – in diesem Stall hier.
2. Sprecher/in:	Na und?
1. Sprecher/in:	Mit einem Male war alles anders. Die Nacht war hell erleuchtet. Ein Stern stand über dem Stall und es war, als sängen die Engel im himmlischen Chor vor lauter Freude.
2. Sprecher/in:	Ich verstehe nicht, was du meinst.
1. Sprecher/in:	Das Kind lag in der Krippe und strahlte, erfüllt von göttlichem Glanz. Hirten kamen und gingen verändert davon. Sie waren Gott selbst begegnet.

2. Sprecher/in: Jetzt verstehe ich, was Ochs und Esel uns erzählen könnten. Jetzt verstehe ich auch, warum du seit damals so anders geworden bist.

5. SZENE: **Unterm Tannenbaum**

(2 Sprecher/innen. Sie sitzen am Heiligen Abend unter dem beleuchteten Tannenbaum mit Ihren Geschenken.)

1. Sprecher/in: Fröhliche Weihnachten!

2. Sprecher/in: Ich wünsche dir auch fröhliche Weihnachten!
(Es ist leiser Gesang zu hören.)

1. Sprecher/in: Hörst du, wie sich die Engel im Himmel freuen?

2. Sprecher/in: Und die Menschen auf Erden sind ganz von Liebe erfüllt.

1. Sprecher/in: Lass uns unsere Geschenke auspacken.

2. Sprecher/in: Ja, das wollen wir tun.

1. Sprecher/in: Da ist ein Brief von Tante Lisa dabei.
(Nimmt den Brief zur Hand und öffnet ihn.)

2. Sprecher/in: Lies vor, was schreibt sie denn?

1. Sprecher/in: Ihr Lieben!
Weihnachten ist das Fest der Liebe. Weil Gott uns Menschen liebt, hat er uns diese Heilige Nacht geschenkt. Unsere Angst soll sich in Freude wandeln, die in unseren Gesichtern geschrieben steht.   Keine böse Rede soll über eure Lippen kommen. Jeder sage dem anderen ein ermutigendes Wort. Denkt an das Kind im Stall zu Bethlehem. Es ist das Licht, das unsere dunklen Stunden zu erleuchten weiß. Friede sei mit euch, ihr Lieben!

2. Sprecher/in: Wie recht Tante Lisa hat! Weihnachten ist mehr als nur ein Geschäft. Weihnachten geschieht im Herzen der Menschen.

1. Sprecher/in: Heute ist es Weihnachten geworden für uns. Wir wollen uns freuen!

2. Sprecher/in: Ja, wir wollen Gott danken und dem Kind unsere Anbetung schenken.

● Gemeindelied

Was sucht die Maus in Bethlehem?

Ursula Schultheiß

Vorbemerkungen:

Frederick, die Feldmaus, hört durch vorbeilaufende Kinder etwas von Weihnachten. Er möchte herausbekommen, was es damit auf sich hat. Ist es etwas Trauriges oder etwas Schönes? Seine Mäusegeschwister können ihn nicht verstehen, denn für sie steht fest, Weihnachten hat mit „weinen" zu tun.

Frederick macht sich auf den Weg, um hinter das Geheimnis zu kommen. Unterwegs begegnet er der Weihnachtsgans, dem Weihnachtsmann, einer geschäftigen Hausfrau. Frederick kommt zu dem Schluss, Weihnachten müsse etwas Schreckliches sein, bis er einem Hirten begegnet, der ihm die Weihnachtsbotschaft erzählt.

Ein Spiel mit kurzen Szenen, das für Kinder im Vorschulalter gut geeignet ist. Es können Rollen auch ohne Text verteilt werden.

Die Gans trägt eine weiße Mütze, einen weißen Pulli und eine weiß-rote Ringelstrumpfhose. Ein gelber Schnabel aus Moosgummi wird mit einem Gummiband am Kopf festgemacht. Für die Füße kann man Schwimmflossen für Taucher verwenden. Die Mäuse tragen graue Strumpfhosen und Pullis. An den Köpfen kann man Ohren aus grauem Moosgummi befestigen. Aus Plüsch lässt sich ein schöner Mäuseschwanz fertigen. Weitere Angaben zu den benötigten Kulissen und Requisiten finden sich im Text.

Während der Hirte erzählt, kann die Weihnachtsgeschichte von Kindern gespielt werden, ohne dass sie Texte sprechen müssen.

Spieler/innen:	3 Feldmäuse	Weitere Personen in stummen Rollen
	Frederick	für die Darstellung der Weihnachts
	Weihnachtsgans	geschichte.
	Weihnachtsmann	
	Hausfrau	
	Hirte	
	Schafe	

1. SZENE:

Frederick und die Mäuse

(In der Ecke ist – auf Pappe gemalt – eine Steinmauer zu sehen. Frederick sitzt nachdenklich vor dieser Mauer. Die drei Mäuse kommen aus verschiedenen Richtungen. Sie tragen Maiskolben, Ähren, Nüsse o.ä. Die Flöte spielt das »Mausmotiv«, siehe Seite 114.)

1. Maus:

He, Frederick, schläfst du schon?

2. Maus:

Oder träumst du schon wieder?

Frederick *(Flötenmelodie)*

Aus: Fredrik Vahle, Liederbuch. Rechte: Beltz Verlag, Weinheim und Basel

3. Maus:	Bestimmt sammelt er wieder Wörter und Farben und so was.
Frederick:	Nein, ich denke nach.
1. Maus:	Was tust du ?
Frederick:	Ich denke nach.
2. Maus:	Worüber denn?
Frederick:	Als ich vorhin auf der Mauer saß und Wörter sammelte, ist etwas Merkwürdiges passiert.
3. Maus:	Was denn ?
Frederick:	Stellt euch vor: Zwei Menschenkinder kamen vorbei und haben sich auf unsere Steinmauer gesetzt. Sie haben mich gar nicht bemerkt vor lauter Reden. Ganz aufgeregt haben sie von etwas erzählt, das Weihnachten heißt. Dass das so schön ist und dass sie sich sooo darauf freuen.
1. Maus:	Na, für mich hört sich dieses »Wein – nachten« eher traurig an.
Frederick:	Auf jeden Fall bin ich jetzt neugierig. Ich will wissen, was das ist »Weihnachten«. Wisst ihr was? Ich tripple jetzt los und suche danach. Kommt ihr mit?
Die 3 Mäuse:	Nein, das ist uns viel zu gefährlich!
Frederick:	Dann gehe ich eben alleine. Tschüss *(winkt und geht)*
Die 3 Mäuse:	*(winken)* Pass auf dich auf, Frederick!

● Instrumentalstück

2. SZENE: **Frederik und die Weihnachtsgans**
(Frederick kommt und winkt nach hinten.)

Frederick: Bis bald , ihr lieben Mäusegesichter…
(Die Weihnachtsgans kommt von rechts gerannt und rempelt Frederick, der immer noch nach hinten winkt in der Mitte der Bühne an.)

Frederick: He, du dumme Gans! Pass doch auf.

Weihnachtsgans: Pass doch selber auf !

Frederick: Was ist denn los , was rennst du so?

Weihnachtsgans: Ja weißt du denn nicht, dass Weihnachten bald da ist?

Frederick: Ja und? Ich denke das ist was Tolles, wo alle sich darauf freuen?

Weihnachtsgans: Von wegen! Lebensgefährlich ist das für so eine Gans wie mich. Heute morgen ist der Bauer in den Stall gekommen und hat mich so komisch angeschaut und hat dabei gesungen: »Oh du fette Weihnachtsgans du hast so schöne Beine…«
Da hab ich gewusst: Jetzt ist es höchste Zeit, dass ich davonlaufe, sonst lande ich im Kochtopf.
(schüttelt den Kopf) Nee, nee, komm mir bloß nicht mit Weihnachten. *(Die Gans rennt davon.)*

Frederick: *(zuckt die Schulter)* Das wird ja immer merkwürdiger. *(geht ab)*

3. SZENE: **Frederick und der Weihnachtsmann**
(Der Weihnachtsmann sitzt auf einer Bank, neben ihm steht ein Sack. Er wischt sich den Schweiß ab.)

Weihnachtsmann: Ach, ist das anstrengend.

Frederick: *(kommt und setzt sich zu ihm auf die Bank)*
Was ist denn so anstrengend?

Weihnachtsmann: Na, du bist gut. Weihnachten natürlich.
Seit Oktober renne ich jetzt in diesen Klamotten rum, trage schwerer Säcke, verteile Süßigkeiten und erzähle den Leuten, dass es im Kaufhaus XY die schönsten und billigsten Geschenke zu kaufen gibt. Ach, wenn Weihnachten nur schon vorbei wäre. Ich fühle mich sooo müde.
(Er wankt mit seinem Sack davon.)

Frederick: Also, ich weiß nicht. Das kann doch nicht alles sein.
Ich werde noch weitersuchen. *(geht ab)*

4. SZENE:	## Frederick und die Hausfrau

(Ein Stuhl steht in der Mitte. Eine Hausfrau mit Kopftuch und Staubwedel unterm Arm ist zu sehen. Sie hat Papier und Bleistift in der Hand und notiert aufgeregt.)

Hausfrau: Tante Emma darf ich nicht vergessen. Was schenk ich der bloß? Eine Vase vielleicht? Oder hab ich ihr das letztes Jahr schon geschenkt?

(Frederick schleicht sich herein, sitzt geduckt im Hintergrund und hört zu.)

Hausfrau: Ach, und Mandarinen und Nüsse darf ich nicht vergessen. *(Sie rennt hin und her.)* Und Kerzen, haben wir noch Kerzen? Ach, und ist das alles noch staubig hier. *(Sie wedelt mit dem Staubwedel.)* Und bald ist Weihnachten… und noch sooo viel zu tun. Ich weiß gar nicht wo mir der Kopf steht…

(Jetzt entdeckt sie die Maus Frederick. Sie schreit und springt auf den Stuhl.) Iiiiiii, eine Maus, Hilfe ! Und das an Weihnachten…

(Frederick rennt davon.)

5. SZENE	## Frederick und der Hirte

(Ein Hirte sitzt inmitten seiner Schafe auf einem Hocker. Frederick kommt von der Seite hereingerannt. Er ist außer Puste.)

Frederick: Ach, so ein Schreck, so ein Schreck, ich kann nicht mehr rennen.

Hirte: Nanu , was kommt denn da für ein Mäuslein angerannt. Wer ist dir denn auf den Fersen?

Frederick: Ist sie weg ? *(Er schaut sich suchend um.)*

Hirte: Wer denn?

Frederick: Na, diese Schreiliese. Mir sind fast die Ohren abgefallen.

Hirte: Hier bist du in Sicherheit. Komm setz dich zu mir her und ruh dich aus!

(Frederick setzt sich neben den Hirten.)

Hirte: Erzähl mal, was ist denn geschehen?

Frederick: Eigentlich wollte ich Weihnachten suchen. Ein paar Kinder haben gesagt, dass das was ganz Wunderschönes sein soll. *(weinerlich)* Aber jetzt glaube ich, dass es was ganz Schreckliches ist. Das weiß ich von der Gans und vom Weihnachtsmann und von der Hausfrau, die ich belauscht habe. Mein Mäusebruder hat sicher recht, es muss »Wein-nachten« heißen. Ich habe da irgendwas falsch verstanden.

Das Lied vom leisen Weihnachten

Refrain

F — Gm⁷ — C — F
Hast du schon ge - wusst, hast du schon ge - hört:

Dm — Gm — C — F
Weih - nach - ten ist lei - se, al - les Lau - te stört,

F — Gm⁷ — C — F
denn nun wird er - zählt von dem Kind - lein klein,

Dm — G — C — F *Fine*
das uns al - le ein - lädt, leis' und zart zu sein.

Strophe
Dm — Cis / A — C⁶ — G / H
1. Wo ein Kind ge - bo - ren, hilf - los, schwach und klein,

B⁶ — F / A — Bmaj⁷ — C
soll die Welt ver - wan - delt und fried - fer - tig sein:

F — C — A⁷ — Dm
Still ist's bei Ma - ri - a, dort im Stall beim Kind;

B — F — C⁴ — C — F
dass das Neu - ge - bor' - ne Schlaf und Frie - den find't.

(Verse siehe nächste Seite)

Refrain: Hast du schon gewusst ...
2. Uns're kalte, harte, oft so laute Welt
soll verwandelt werden, sanft vom Stern erhellt.
Manch' geballte Faust die darf sich öffnen nun:
Krieg in Frieden wenden. – da bleibt viel zu tun.

Refrain: Hast du schon gewusst ...
3. Lass das Eilig-Sein nun, nehmt euch einmal Zeit,
leise, sanfte Dinge sind von Wichtigkeit!
Könige und Herrscher, ihr sollt stille sein,
seht dies Neugebor'ne, kommt und macht euch klein.

Text: Wolfgang Longardt; Musik: Detlev Jöcker. Aus: MC und Buch „Kommt, wir feiern Weihnachten"
Alle Rechte im Menschenkinder Verlag, 48157 Münster

Hirte:	Nein, nein. Es ist nur so, dass es zweierlei Weihnachten gibt.
Frederick:	Zweierlei Weihnachten?
Hirte:	Ja! Ich will versuchen, es dir zu erklären. Das Weihnachten, das dir begegnet ist, das hat eigentlich mit dem richtigen Weihnachten nicht mehr viel zu tun. Die Menschen haben vergessen, was der wichtigste Grund von Weihnachten ist. Ich weiß das zufällig ganz genau, weil wir Hirten dabei eine ganz wichtige Rolle gespielt haben. Also, pass mal auf. Mach deine Augen zu, dann kannst du dir alles ganz genau vorstellen.
Lesung:	Lukas 2,1–20 *(Während der Hirte oder ein anderer Sprecher die Weihnachtsgeschichte vorliest, werden die verschiedenen Szenen kurz pantomimisch dargestellt. Ein Erwachsener kann den Inhalt von Lukas 2 auch frei erzählen. Dann lässt sich der Text besser mit dem Spiel der Kinder koordinieren.)*
Frederick:	Ach, so ist das! Das muss ich gleich meinen Mäusefreunden erzählen. Weihnachten hat also doch was mit Freude zu tun und nicht mit weinen. *(Frederick winkt und rennt davon.)*

Die Heilige Nacht

nach einer Legende von Selma Lagerlöf*
bearbeitet von Arnd Breuning

Vorbemerkungen:

Ein Stück, das auch jüngeren Kindern zum Mitspielen in einigen Rollen und natürlich beim Zuschauen Spaß machen wird. Es hat zahlreiche Rollen mit wenig Text. Der Handlungsgang entwickelt sich durch ein Gespräch zwischen der Großmutter und ihrem Enkelkind. Um den Textstoff für die Darstellerin der Großmutter nicht zu umfangreich werden zu lassen, sind auch mehrere Sprecher daran beteiligt. Das, was erzählt wird, wird parallel dazu gespielt. Dabei müssen die Spieler/innen keinen Text sprechen. Immer wenn die Rahmenhandlung des Gesprächs zwischen Großmutter und Enkel aufgenommen wird, wird eine Lampe bei den beiden angezündet. Für die Tiere kann man entsprechende Kostüme fertigen. Deutlich sichtbar müssen die Bewegungen sein, wenn z.B. die Hunde den Rachen aufsperren.

Spieler/innen:	Spielschar	Großmutter
	Hirte	4 Engel
	Kind	Kleiner Hirte
	Gesamtsprecher	Mann
	Mithirte	Sprecher 1-9
	Schafe	

VORSPIEL

(Die Spielschar zieht ein und singt das Lied „Wir wandern zur Krippe" –
siehe nächste Seite.)

(Kinder, die die Engel spielen, nehmen am Altar vier Kerzen und zünden
sie an.)

Spielschar: *(gemeinsam)* Der große Stern ist aufgestellt.
Die Hirten wachen auf dem Feld.
Maria und Josef wandern lang.
Von fern tönt hell der Engelsang.

1. Engel: *(nimmt die erste Kerze)*
Maria und Josef, sorgt euch nicht!
Und ihr, ihr Menschen, freut euch am Licht!
Endlich erzeigt Gott der Herr all seine Liebe und Glanz,
die Freude erfüllt nun die Herzen ganz.

*Aus: »Christuslegenden / Geschichten zur Weihnachtszeit« © by Langen Müller in der F. A. Herbig Verlagsbuchhandlung, München

Wir wandern zur Krippe

1. Wir wan - dern zur Krip - pe, wir wan - dern weit. Die
3. Und weht durch die Zei - ten ein kal - ter Wind, wir

1. Wir wan - - dern zur Krip - pe, wir
3. Wir wan - - dern zur Krip - pe, wir

(Schluss)

We - ge sind dun - kel und hart ist die Zeit. 2. Doch
wan - dern zur Krip - pe, wir fin - den das Kind. Und

wan - - dern, wir wan - dern weit.
fin - - - den, wir fin - den das Kind.

ü - ber der Krip - pe, da brennt ein Licht.
ist der Weg dun - kel, er schreckt uns nicht.

3. Vers anschließen

Text: Rudolf Otto Wiemer; Melodie: Heinz Lemmermann. Aus: »Die Zugabe, Band 3«
Rechte: Fidula-Verlag, Boppard/Rhein und Salzburg

2. Engel:	*(nimmt die zweite Kerze)* Dunkel und Nacht waren in unsrer Welt. Nun hat Gott selber sie ins Licht gestellt. In Bethlehems Stall liegt Christus, der Herr. Sucht nicht wo anders das Heil euch mehr.
3. Engel:	*(nimmt die dritte Kerze)* Christus wird arm, im Elend geboren, doch ihr werdet reich und seid nicht verloren. Der göttliche Fried', die göttliche Gnad. Jetzt allen, für alle begonnen hat.
4. Engel:	*(nimmt die vierte Kerze)* Wo Streit war und Hass und Schläge und Schand', da gewinnt jetzt Liebe die Oberhand, wo Unfried', Gemeinheit das Misstrauen schürt, da ist jetzt der Friede, der alles regiert.
Gesamtsprecher:	Gott hat es begonnen, Gott hat es gemacht. Jetzt gewinnt Liebe die Herzen sacht. Jetzt ruhen die Waffen, der schreckliche Streit, der Friede ist kommen – macht euch bereit. *(Die Kinderschar zieht ab. Sie singen nochmals das Lied: »Wir wandern zur Krippe«.)*

1. SZENE

	(Alle Kinder setzen sich. Die Sprecher treten auf.)
1. Sprecher:	Der Friede ist gekommen durch Christus, sein Friede erfüllt alle Welt. Wir wollen euch eine Geschichte erzählen, wie ein kleines Mädchen den Weihnachtsfrieden bei seiner Großmutter erlebt hat. Selma Lagerlöf aus Schweden hat die Heilige Nacht in einer Legende so verdeutlicht:
2. Sprecher:	Die Geschichte beginnt damit, dass das kleine Mädchen sich erinnert und erzählt: Als ich fünf Jahre alt war, hatte ich einen großen Kummer. Alle waren zur Christmette in die Kirche gefahren. Nur Großmutter und ich waren daheimgeblieben. Ich, weil ich noch zu jung war, sie, weil sie schon alt, sehr alt war. Sie hatte kreideweißes Haar und ging schon sehr gebückt und strickte immer an einem Strumpf …

3. Sprecher: Und plötzlich fing sie an, mir ganz lieb zu erzählen.

*(Die Großmutter ist inzwischen hereingekommen und hat sich in einen
Schaukelstuhl oder Sessel gesetzt. Das Kind nimmt zu ihren Füßen Platz.
Die dabei stehende Lampe wird angemacht. Sie ist jeweils nur während der
Dialoge zwischen Großmutter und Kind an. Während die Großmutter dem
Kind erzählt bzw. die Sprecher sprechen, beginnt auch die Handlung des
Spieles. Die Spieler spielen, was erzählt wird. Es wird hier jeweils kursiv in
Klammern angegeben.)*

Großmutter: Es war einmal ein Mann.
Der ging in die dunkle Nacht,
um Feuer zu holen.
Er ging von Haus zu Haus, von Stall zu Stall.
Alles war voll Schnee und dunkel.
Er ging und klopfte und rief:
»Meine Frau hat ein Kindlein geboren.
Ich muss Feuer anzünden,
um das Kleine zu erwärmen.«
Aber alle Menschen schliefen.
Niemand öffnete und antwortete ihm.
(Lampe bei der Großmutter wird ausgemacht.)

4. Sprecher: Der Mann ging weiter.
Endlich erblickte er in der Ferne
einen Feuerschein.
Das Feuer brannte draußen im Freien.
Um das Feuer lagen ringsum eine Menge weißer Schafe,
ganz eng, damit sie nicht froren.
(Die Kinder, die die Schafe spielen, rotten sich zusammen.)
Ein alter Hirte wachte über der Herde.
(Der Hirte stützt sich auf seinen Hirtenstab und wacht.)
Als der Mann zu den Schafen kam,
sah er, dass drei große Hunde bei den Schafen schliefen.
(Lampe geht an.)

Großmutter: Alle drei Hunde erwachten
und sperrten ihre weiten Rachen auf
(Die Hunde erheben sich und sperren ihre Rachen auf.)
als ob sie bellen wollten,
aber man vernahm keinen Laut.
(Lampe geht aus.)

4. Sprecher: Der Mann sah, dass sich die Haare auf dem Rücken sträubten.
Er sah, wie die Zähne scharf funkelnd im Feuerschein
leuchteten.

Er sah, wie sie auf ihn losstürzten.
Er fühlte, dass einer nach seiner Hand biss
und dass einer sich an seine Kehle hängte.
Aber die Zähne und die Kinnladen gehorchten ihnen nicht.
Der Mann erlitt nicht den kleinsten Schaden.
(Lampe geht wieder an.)

Kind: Großmutter, warum haben die Zähne nicht gebissen
und haben die Kinnladen nicht gehorcht?
Warum sperrten sie die weiten Rachen auf und bellten,
doch ohne Laut?

Großmutter: Hör doch einmal, was in dieser merkwürdigen Nacht die
Kinder singen.
(Lampe geht aus. Die Kinder singen das folgende Lied.)

● Lied: »Freu dich, Erd und Sternenzelt« (EG 47,1-5; Hal 19 teilweise
mit anderen Versen) oder »Singen wir mit Fröhlichkeit« (GL
135,1-4)

2. SZENE:
(Lampe bei Großmutter und Kind geht an.)

Großmutter: Nun wollte der Mann weitergehen.
Er suchte Feuer für Mutter und Kind.
Doch da lagen die Schafe so dicht beieinander,
dass er nicht vorwärts kommen konnte.
Wie sollte er durch die Schafe hindurchkommen?

5. Sprecher: Da überlegte der Mann
und stieg ganz sacht auf den Rücken der Tiere
und wanderte über das erste, das zweite
und schließlich über alle Tiere hinweg.
Und kein's von den Tieren wachte auf oder regte sich.
Alle hielten still und trugen auf ihrem Rücken
den fremden Mann, der Feuer suchte.
Alle Tiere wollten ihm in dieser Nacht helfen.

Kind: Warum regten die Tiere sich nicht?
Warum bewegten sie sich nicht?
Warum waren sie nur so still und friedvoll
und wollten alle helfen?

Großmutter: Das wirst du nach einem Weilchen schon noch erfahren. Höre
doch, was in dieser merkwürdigen Nacht die Kinder singen:
(Die Kinder singen das folgende Lied.)

● Lied: »Als die Welt verloren« (EG 53,1-3) oder »Hört, es singt und klingt mit Schale« (GL 139,1-3)

3. SZENE:

Großmutter: Und die Geschichte geht noch weiter. Hör zu und sieh!
(Lampe geht aus.)

6. Sprecher: *(Hirte mit Stab tritt auf.)*
Als der Mann fast beim Feuer angelangt war,
stand da der Hirt'.
Man sah es: es war ein mürrischer, alter Mann,
der hart und böse und unwirsch zu allen Menschen war.
Als der Fremde immer näher kam,
griff er nach seinem langen, spitzigen Stab,
den er gerade in seiner Hand hielt
und warf ihn auf den Fremden zu.
Doch der Stab fuhr zwar zischend auf den Mann los,
aber ehe er ihn traf, wich der Stab zur Seite
und sauste an ihm vorbei ins weite Feld.
(Lampe geht wieder an.)

Kind: Aber, warum wollte der Stab nicht treffen, Großmutter?
Warum musste er einen Bogen machen
und ausweichen in dieser Nacht?
Warum wollte er nicht wehtun?

Großmutter: Du wirst es sicher noch erfahren.
Hör zu und vernimm, was in dieser Nacht die Kinder uns singen.

● Lied: »Als ich bei meinen Schafen wacht« (Hal 52)

4. SZENE:

Großmutter: Nun kam der Mann zu dem Hirten und sagte zu ihm:
(Lampe wieder aus.)

Mann: Guter Freund, hilf mir und leih mir ein wenig Feuer.
Meine Frau daheim hat eben ein Kind geboren.
Ich muss Feuer machen.
Das Feuer muss das Kindlein und seine Mutter wärmen.
Das Stroh allein tut's nicht.

7. Sprecher: Der Hirte hätte am liebsten seinen bösen Blicken nach
                  nein gesagt, aber dann dachte er nach:
                  Die Hunde beißen den Mann nicht.
                  Die Schafe sind nicht vor ihm davongelaufen.
                  Der Stab wollte ihn nicht treffen und aufspießen.
                  Da sagte er nur:

Hirte: *(schadenfroh lachend)* Nimm vom Feuer, so viel Du brauchst.
                  Nimm Dir für das Kind und die Mutter.

7. Sprecher: Aber das Feuer war ganz heruntergebrannt.
                  Es waren keine Scheite und Zweige mehr übrig,
                  nur noch ein großer Gluthaufen.
                  Der Fremde hatte weder Schaufel noch Eimer,
                  worin er die rote Glut hätte tragen können.
                  Als der Hirte das sah, sagte er voll Schadenfreude:

Hirte: *(lacht böse)* Nimm so viel du brauchst.

7. Sprecher: Er freute sich, dass der Mann das Feuer nicht wegtragen
                  konnte.
                  Aber der Mann beugte sich und holte die Glut
                  mit bloßen Händen aus der Asche
                  und legte sie in seinen Mantel
                  und weder versengte die Glut seine Hände
                  noch versengte sie seinen Mantel.
                  Der Mann trug sie fort, als wären es Nüsse oder Äpfel
                  gewesen.
                  (Lampe geht an.)

Kind: Aber Großmutter,
                  warum wollte die Glut den Mann nicht verbrennen?
                  Warum versengte sie nicht Hände und Mantel?

Großmutter: Warte ab und sei geduldig.
                  In dieser Nacht war alles anders.
                  Mensch, Tier, Natur, alles war in ein neues Gesetz gegossen.
                  Hör, was die Kinder singen.
                  (Lampe aus.)

● Lied: »Lieb Nachtigall, wach auf« (Hal 93)

5. SZENE:

(Lampe geht an.)

Großmutter: Als der Hirt, der doch so ein böser, mürrischer
und ungeliebter Mann war, dies alles sah,
begann er sich bei sich selbst zu wundern
und er sprach zum kleinen Hirten:

Hirte: Was kann das für eine Nacht sein?

Kleiner Hirte: In dieser Nacht beißen die Hunde nicht,
erschrecken die Schafe nicht,
tötet die Lanze nicht
und brennt das Feuer die Menschen nicht.
Was kann das nur für eine Nacht sein?

Hirte: Woher kommt es,
dass alle Dinge Barmherzigkeit zeigen?

Mann: Ich kann es dir nicht sagen,
wenn du es nicht selber siehst.

8. Sprecher: Und er ging seinen Weg,
um bald Kind und Frau wärmen zu können.
Doch der Hirte dachte bei sich:

Hirte: Ich will ihn nicht aus dem Gesicht verlieren.

Kleiner Hirte: Lasst uns ihm nachgehen.

Hirte: Wir wollen erfahren, was dies alles zu bedeuten hat.

Kleiner Hirte: Warum in dieser Nacht alle Dinge Barmherzigkeit zeigen?

8. Sprecher: Und die Hirten gingen dem Mann nach bis dahin,
wo der Fremde daheim war.
Da sah der alte Hirte,
dass der Mann nicht einmal eine Hütte hatte,
um darin zu wohnen.
(Maria und Josef sitzen vor der Krippe.)
Es war ein Stall, wo Frau und Kind lagen,
und es gab nichts als kalte, nackte Stallwände.
(Lampe geht an.)

Großmutter: Der Hirte aber dachte,
vielleicht muss das arme Kind im Stall erfrieren
und, obgleich er ein harter Mann war,
war er doch ganz ergriffen.
Er griff sein Bündel vom Rücken und sprach vor sich hin:

Hirt:	Ich will ein weiches, weißes Schaffell herausnehmen. Ich will es verschenken. Es kann das Kind wärmen. Das Kind kann darauf liegen, so groß ist es, und zugleich kann es das Kind zudecken. *(Hirte legt das Schaffell ab und kniet vor der Krippe nieder.)*
Großmutter:	In dem Augenblick, als sein Herz aufging und sich zeigte, dass auch er barmherzig sein konnte, wurden ihm die Augen geöffnet.
Kind:	Und was sahen seine Augen? Was sah sein Herz?
Großmutter:	Er sah, was er vorher nicht sehen und hören konnte. *(Lampe geht wieder aus.)*
9. Sprecher:	Er sah, dass rund um das Kind ein dichter Kreis von Engeln stand. Jedes von ihnen hielt ein Saitenspiel in der Hand und alle sangen, dass in dieser Nacht der Heiland geboren wäre, der die Welt von ihren Sünden erlösen sollte. Da begriff er, warum in dieser Nacht alle Dinge so froh waren, dass sie niemand etwas zu leide tun wollten und er dankte Gott, dass er das alles sehen konnte.

● Gemeindelied: »Zu Bethlehem geboren« (EG 32; GL 140; Hal 43; LJ 37)

SCHLUSS

	(Lampe geht an.)
Großmutter:	Was der Hirte sah, das könnten wir auch sehen, denn die Engel fliegen in jeder Weihnachtsnacht unter dem Himmel, wenn wir sie nur zu gewahren wüssten. Es liegt nicht an Lichtern und Lampen,an Mond oder Sonne, sondern was not tut, ist, dass wir Augen haben, um Gottes Herrlichkeit sehen zu können.
Kind:	*(jubelt laut und ruft, dass es alle hören können, ja müssen!)* Hör, wie es jetzt singt und klingt zur Ehre Gottes. *(Die Kinder singen. Die Gemeinde kann einstimmen.)*
● Lied:	»Lobt Gott, ihr Christen, alle gleich« (EG 27; Hal 32; GL 134; LJ 34)

Die Kinder an der Krippe

Nach einer Erzählung von Jürgen Koerver
Als Anspiel eingerichtet von Peter Hitzelberger

Vorbemerkungen:

Das Stück macht auf eindrückliche Weise deutlich, dass die Liebe Gottes, die mit Jesus in unsere Welt gekommen ist, unsere Hände braucht, um für andere Menschen erfahrbar zu werden. Die Handlung können auch jüngere Kinder schon verstehen.
Auf der Spielfläche ist an einer Seite der Stall aufgebaut. Er kann mit mehr oder weniger Aufwand gestaltet sein. Die Türe ist zu. Der Stall kann aber auch nur als Hintergrundbild gestaltet sein. Dann muss das Öffnen und Schließen der Stalltür mit Gestik deutlich gespielt werden.
Maria und Josef können während dem ganzen Stück an der Krippe sitzen oder man lässt sie nur in den Szenen auftreten, die im Stall selbst spielen.
Auf der anderen Seite der Spielfläche steht ein Tisch mit den Geschenken, die Manuela für das Jesuskind braucht: Ein Päckchen Haferflocken, eine Wolldecke, Medizin, ein Lesebuch.
Die erste Szene kann so breit ausgespielt werden, wie es hier beschrieben ist. Den Zug durch die Kirche kann man natürlich auch kürzer fassen. Dann wird zum Beispiel nur von der Ablehnung, die Jonathan und Abraham erfahren müssen, erzählt.
Der Erzähler kann seinen Text natürlich gut vorgetragen ablesen.

Spieler/innen: Erzähler   Manuela
                    drei Hirten: – Thomas   Jim
                              – Abraham   Maria
                              – Jonathan   Josef

---

1. SZENE: **Die Hirten verlassen den Stall**
                   (Der Erzähler steht am Rande der Spielfläche. Auf der anderen Seite ist der Stall von Bethlehem zu sehen.)

Erzähler: In der Heiligen Nacht, als Jesus geboren wurde, sollen – so sagt man – seltsame Dinge geschehen. Geheimnisvolle, außergewöhnliche, wunderbare und märchenhafte Sachen sollen da vor sich gehen. So sagt man jedenfalls.

                   Ich weiß nicht, ob das stimmt. Aber wer weiß, vielleicht stimmt es wirklich. Jedenfalls erzählt man sich auch die folgende Geschichte von den Hirten. Abraham, Jonathan und der alte Thomas – drei Hirten von Bethlehem – kommen gerade aus dem Stall heraus. Sie haben das Kind gesehen.

Abraham:	*(begeistert)* Mensch, Thomas, das müssen wir überall weitererzählen. Ein Kind in unserem Stall.
Jonathan:	*(schwärmt)* Auf jeden Fall müssen wir das erzählen, in Bethlehem, in Jericho, in Jerusalem. Auf der ganzen Welt...
Thomas:	*(nüchtern)* Macht was ihr wollt. Erzählt von mir aus überall, was hier passiert ist. Es wird euch sowieso niemand glauben. Sie werden sagen:»Ein Kind ist in Bethlehem geboren. Na und?« oder»Bethlehem, wo liegt denn das?«Ihr werdet schon sehen. *(Er trottet davon.)* Ich gehe lieber zu unseren Schafen und erzähle denen vom Kind im Stall.
Erzähler:	Und so geschah es. Der alte Thomas ging zurück zu den Schafen, um sie zu bewachen. Die Hirten Abraham und Jonathan aber liefen mit großen Schritten davon, um allen Leuten zu erzählen, was im Stall geschehen war. Der eine lief nach links, der andere nach rechts. *(Die beiden Hirten laufen nach links und rechts ins Kirchenschiff. An den Bankreihen klopfen sie wie an Türen. Von einigen eingeweihten Mitarbeiter/ innen werden sie abgewiesen.)* Sie klopften an jede Tür und sagten:
Abraham:	*(klopft)* Frohe Botschaft, Leute, uns ist heute der Heiland geboren, Jesus, Christus.
Jonathan:	*(klopft)* In Bethlehem liegt ein Kind im Stall. Es ist Jesus. Gott hat ihn uns geschickt. Er wird uns alle glücklich machen! *(Sie gehen weiter und klopfen an Türen.)*
Erzähler:	Aber die Leute sagten:»Lass uns in Ruhe, Abraham.« *(Abraham wird mit einer Geste abgewiesen.)* Oder sie sagten:»Stör uns nicht, wir feiern ein Fest, Jonathan« *(Einige Mitarbeiter/innen könnten zum Beispiel im Mittelgang tanzen, wenn Jonathan kommt und ihn dann verjagen.)* Oder sie sagten:»Rede keine Unsinn, Abraham. Erzähl deine Märchen anderen Leuten.« *(Abraham wird erneut abgewiesen.)* Oder sie sagten:»Na schön, wir werden mal darüber nachdenken, Jonathan. *(Die beiden Hirten treffen sich wieder im hinteren Teil der Kirche.)*
Jonathan:	*(enttäuscht)* Niemand will uns glauben, Abraham. Alle schicken uns weg.

Abraham:	Und trotzdem müssen wir weiterlaufen.
Erzähler:	Und die Hirten stürmten durch die Nacht mit großen Schritten, der eine nach links und der andere nach rechts.

(Die Hirten kommen – entweder über die Seitengänge oder im Mittelgang – wieder nach vorne. Nur der Hirte Abraham betritt die Spielfläche.)

2. SZENE: **Abraham findet ein Kind, das die Botschaft hört**

(Abraham kommt auf die Spielfläche zurück. Er trifft ein Kind auf der Straße.)

Erzähler: Plötzlich war der Hirte Abraham mitten in Deutschland – oder war es in England, in Schweden oder Italien? Jedenfalls er traf ein Kind auf der Straße. Hieß es Helga? Oder John, oder Sven oder Manuela? Ja, ich glaube, es hieß Manuela.

Abraham: Hallo, Manuela! Heute ist für uns der Heiland geboren. Jesus heißt er. Gott hat ihn uns geschickt. Er wird alle glücklich machen, die hilflos und verloren sind. In Bethlehem, in der Krippe liegt er! *(Er deutet zum Stall hinüber.)*

Manuela: *(ungläubig)* Na so was! Gott will alles heil und glücklich machen und liegt in einer Krippe?

Abraham: Ja, er will uns dienen und will sein Leben hingeben, damit wir leben können.

Manuela: *(nachdenklich)* Sehr seltsam. Gott muss uns aber sehr lieb haben, dass er das tut.

Abraham: Ja, dazu ist er gekommen. Er will uns sagen und zeigen, dass Gott uns lieb hat. Dich und mich und uns alle.
(Er weist auf alle im Kirchenraum.)

Manuela: Ich möchte diesen Heiland der Menschen gerne sehen.

Abraham: Nichts leichter als das. Komm mit, ich bringe dich hin!

Manuela: Moment mal. Ich möchte aber noch etwas mitnehmen für Jesus. Ein paar Geschenke.
(Sie überlegt.) Was braucht er? Etwas zu essen vielleicht. Also nehme ich ein Paket Haferflocken mit, die kriege ich von meiner Mutter. – Und was zum Warmhalten – eine Wolldecke. Die nehme ich aus meinem Bett. Und sicher braucht das Kind Tabletten, Medizin. Da frage ich meinen Vater. Und kann Jesus lesen?

Abraham:	Nein! Lesen kann er natürlich noch nicht. Aber Josef kann ihm was vorlesen, vielleicht...
Manuela:	*(begeistert)* Dann nehme ich mein altes Lesebuch mit.
Abraham:	Gut, hol das alles schnell und dann komm mit zur Krippe.

(Manuela geht seitlich zu einem Tisch auf dem die Sachen liegen, die sie braucht. Natürlich kann man die Szene auch ausspielen. Dann überreichen Vater und Mutter die Sachen.)

Erzähler:	Manuela holte alles, was sie mitnehmen wollte.

(Wird von Manuela und Abraham gespielt.)

Dann nahm sie der Hirt Abraham an der Hand und lief wie ein Sausewind zurück nach Bethlehem. Er stürmte mit Manuela durch die Nacht und kam zum Stall mit der Krippe drin.

(Die beiden sind inzwischen beim Stall angekommen.)

Abraham:	Da, geh hinein! Da ist das Kind.
Manuela:	Danke. *(Sie geht zur Stalltür, klopft und tritt ein.)*
Erzähler:	Und der Hirte Abraham ging zurück zu den Schafen. *(Er geht weg.)* Er hatte, soweit er konnte, die frohe Botschaft weitergesagt. Und der Hirte Jonathan? – Doch bevor ich euch das erzähle singen wir ein Lied.

● Gemeindelied: »Uns wird erzählt von Jesus Christ« (EG 57,1-2; Hal 196,1+2;LJ 56,1-2) oder »Ein Kind ist uns geboren heut« (GL 136,1-2)

3. SZENE:	## Jonathan trifft Jim aus Afrika

(Jonathan betritt die Spielfläche während der Erzähler zu reden beginnt. Er trifft ein Kind auf der Straße. Es hat dunkel gefärbte Haut.)

Erzähler:	Der Hirte Jonathan war auch gelaufen, immer weiter und immer weiter. Und plötzlich war er in Indien – oder war es in Afrika oder in Südamerika oder Hongkong? Ich weiß es nicht ganz genau. – Jedenfalls war das ein Kind auf der Straße, und das hieß Randor oder hieß es Chungling oder Sophia oder Jim? Ja, der Junge hieß Jim. Er hatte ganz schwarze Haut und wohnte in Afrika.
Jonathan:	Hallo, Jim! Heute ist für uns der Heiland geboren. Jesus heißt er. Gott hat ihn uns geschickt. Er wird alle glücklich machen, die hilflos und verloren sind. In Bethlehem, in einer Krippe liegt er.

Jim:	Na, so was! Gott will mich und die Welt heil und glücklich machen, und er liegt in einer Krippe?
Jonathan:	Ja, er will dir dienen und sogar sein Leben hingeben, damit du recht leben kannst.
Jim:	Sehr seltsam! Gott strengt sich aber sehr an. Er muss uns sehr lieb haben, dass er das tut.
Jonathan:	Ja, dazu ist er geboren. Er will allen Menschen sagen und zeigen, dass Gott uns lieb hat.
Jim:	Ich möchte ihn gerne sehen. Ich möchte gerne erleben, wie er glücklich macht.
Jonathan:	Nichts leichter als das. Komm mit mir, ich bringe dich hin!
Jim:	Moment mal: Glaubst du wirklich, dass er mir und allen helfen kann, die hilflos und verloren sind? Kann er uns helfen zu leben? Ich habe nämlich Hunger. Und frieren tu ich auch manchmal. Und gräßliche Krankheiten gibt es bei uns. Es wäre gut, dieser Heiland hätte Medizin. Und ich möchte so gerne lesen und schreiben lernen. Ob er mir das beibringen kann, der Heiland?
Jonathan:	*(verlegen)* Ich weiß nicht. Vielleicht kann er. Erwarte nicht zuviel von ihm. Er ist so klein und allein. – Aber wir werden ja sehen. Komm, kleiner Jim! *(Er nimmt Jim an der Hand. Sie laufen zum Stall.)*
Erzähler:	Und Jim nahm die Hand des Hirten Jonathan und der lief wie eine Sausewind zurück nach Bethlehem. Er stürmte durch die Nacht und kam zum Stall mit der Krippe drin.
Jonathan:	Da geh hinein! Da ist er.
Jim:	Danke, Jonathan. *(Er klopft an, öffnet die Stalltür und geht hinein.)*
Erzähler:	Und der Hirte Jonathan ging zurück zu seinen Schafen. *(Er geht weg.)* Er hatte, soweit er konnte, die frohe Botschaft weitergesagt. Und was geschah jetzt? Bevor ich euch das erzähle, singen wir nochmal zusammen.

● Gemeindelied: »Uns wird erzählt von Jesus Christ« (EG 57,3; Hal 196,3; LJ 56,3) oder »Ein Kind ist uns geboren heut« (GL 136,3)

4. SZENE:	**Manuela beim Jesuskind**

(In dieser Szene wird der Besuch von Manuela beim Kind in der Krippe weitergespielt. Manuela geht nochmals in den Stall hinein. Neben der Krippe stehen Maria und Josef.)

Erzähler:
Die Manuela war also hineingegangen in den Stall. Es war ziemlich dämmrig darin. Ihre Augen mussten sich erst an die Dunkelheit gewöhnen.

Manuela:
(fragt unsicher und leise) Ist hier der Heiland geboren?

Maria:
Ja, hier liegt er. Aber sei leise, er schläft!

Manuela:
(geht auf Zehenspitzen leise zur Krippe hin und flüstert) Das ist der Heiland, der uns glücklich machen will? Dieses Kind will uns helfen recht zu leben?

Maria:
Ja, das ist er! Er wird uns zeigen, dass Gott uns lieb hat und wie man recht leben kann.

Erzähler:
Und da legte Manuela die Haferflocken und die Wolldecke, die Medizin und ihr Lesebuch auf den Boden.
(Manuela legt die Gegenstände vor der Krippe ab.)
Sie streichelte das Kind ein bisschen und sagte:

Manuela:
(streichelt das Kind in der Krippe)
Wie schön, dass du da bist, Jesus. Danke, dass du uns helfen willst. Kann ich dir helfen, du kleines, armes Kind?

Erzähler:
Aber das Kind sagte nichts. Nur Josef sagte freundlich:

Josef:
Nett, dass du da warst, Manuela. Komm gut heim!
(Manuela geht langsam hinaus.)

Erzähler:
Und als Manuela hinausging, da kam Jim gerade herein.
(Manuela und Jim treffen sich am Eingang des Stalls.)

Manuela:
Guten Abend!

Jim:
Guten Abend!
(Manuela geht und Jim macht die Stalltür hinter sich zu.)

Erzähler:
Und Jim zog die Stalltür hinter sich zu. Und...
Doch bevor ich fortfahre, singen wir nochmals eine Strophe.

● Gemeindelied: »Uns wird erzählt von Jesus Christ« (EG 57,5; Hal 196,5; LJ 56,5) oder »Ein Kind ist uns geboren heut« (GL 136,4)

5. SZENE: **Jim aus Afrika macht eine Entdeckung**

Erzähler: Und nun stand Jim aus Afrika in dem dämmrigen Stall.

Jim: *(vorsichtig)* Ist hier der Heiland geboren?

Maria: Ja, hier liegt er. Aber sei leise, er schläft!

Jim: *(geht auf Zehenspitzen leise zur Krippe hin und flüstert)*
Das ist der Heiland, der uns glücklich machen will? Dieses Kind will uns helfen recht zu leben?

Maria: Ja, das ist er! Er wird euch zeigen, dass Gott uns liebhat und wie man recht leben kann.

Jim: *(geht zur Futterkrippe, kniet nieder und streichelt das Kind)*
Wie schön, dass du da bist, Jesus. Danke, dass du uns helfen willst. Weißt du, wir haben Hunger und frieren. Wir sind krank. Wir möchten gerne lesen und schreiben. Wirst du uns helfen, du armes, kleines Kind?

Erzähler: Aber das Kind sagte nichts. Und Jim ließ die Hände sinken, mit denen er das Kind gestreichelt hatte. Und da fühlte er etwas in seinen Händen, ein Paket und etwas Wolle, ein paar Schachteln, ein Buch.

Jim: *(hat die Geschenke von Manuela ertastet und stammelt jetzt freudig)*
Danke, vielen Dank, lieber Jesus. Du hast mir sehr geholfen. Jetzt weiß ich, dass Gott uns lieb hat. Wir können leben!
(Er nimmt die Geschenke an sich.)

Josef: *(freundlich)* Nett, dass du da warst, Jim. Komm gut heim!
(Jim geht weg.)

Erzähler: Und da ging Jim aus dem Stall. Und er wusste: Heute ist mir der Heiland geboren. Gott hat ihn mir gesandt. Wie schön, dass er bei uns ist in dieser Welt. Jetzt weiß ich, dass Gott uns lieb hat und dass wir leben können, heute und morgen – und ewig.

»… weil in der Herberge kein Raum für sie war«

Judith Sixel

Vorbemerkungen:

Das Spiel knüpft an die schmerzliche Lebenserfahrung an, keinen Platz zu haben, wo man hingehört. Diese Erfahrung ist im Lukasevangelium mit der Aussage angesprochen, dass bei Jesu Geburt „in der Herberge kein Raum für sie war". Gerade an Weihnachten leiden auch heute noch Menschen darunter, keinen Platz zu haben. Stellvertretend für sie stehen in diesem Spiel zwei arme Mädchen, die Schwefelhölzchen verkaufen sollen. Doch keiner beachtet sie. Am Weihnachtsabend – allein und verlassen in einem Winkel der Straße sitzend – erleben sie einige wundersame Dinge im Schein ihrer Schwefelhölzchen.

Für das Stück werden einige Requisiten benötigt. In der zweiten Szene Stühle und eine Decke, vielleicht ein Tisch. Die beiden Mädchen brauchen lange Streichhölzer. Sie brennen natürlich nicht während der ganzen Traumerfahrung. Am Ende des jeweiligen Traumbilds wirft das Mädchen die abgebrannten Hölzer deutlich sichtbar weg.

Für die Traumbilder wird zunächst ein Spieler gebraucht, der als Kachelofen auftritt. Dazu muss ein Pappkarton entsprechend bemalt werden. Den trägt der Darsteller vor sich her. Durch kleine Schlitze kann er durchschauen. Dann braucht man einen Tisch, der während des Stücks hinter den Mädchen – für alle sichtbar – festlich gedeckt wird.

Besonders vorbereitet muss auch die Gans werden. Wie beim Ofen wird diese auf ein großes Stück Pappkarton aufgemalt. Sämtliche Details (Pflaumen- und Apfelfüllung, Messer und Gabel, eine Wolke für den aufsteigenden Bratenduft) sind auf dem Karton zu sehen, den die Darstellerin vor sich her trägt. Kleine Schlitze für die Augen sind herausgeschnitten.

Dann wird noch ein geschmückter Christbaum gebraucht. Je nach Brauch können die Lichter elektrisch oder echte Kerzen sein. Es können Kugeln oder Strohsterne am Baum hängen. Das Aufsteigen der Weihnachtslichter wird nur durch die Gestik der Mädchen angedeutet. Eventuell kann es auch durch einen Scheinwerferschwenk zur Decke symbolisiert werden.

Einige Rollen waren mehrfach besetzt. Der Ofen wurde dargestellt von dem Jungen der den Mädchen vorher begegnet. Die Gans wurde von der Mutter der Mädchen aus der 2. Szene gespielt. Die Erzählerin tritt dann als Großmutter auf. Damit sollte angedeutet werden, dass bekannte Personen uns im Traum in ganz anderem Zusammenhang begegnen können. Die Erzählerin ist normal gekleidet. Das einzig Besondere ist das Kopftuch, das sie während der Vorrede anzieht.

Die Musik kann von einem Klavier gespielt werden. Ersatzweise lässt man eine Cassette oder CD laufen. Alles weitere ist aus dem Text des Stücks ersichtlich.

Spieler/innen:	Erzählerin (Großmutter)	Junge (Ofen)
	Vater	Mutter (Gans)
	Anna	Straßenkehrer
	Christine	Passant 1 und 2

Erzählerin:	In der Weihnachtsgeschichte nach Lukas heißt es: Maria bringt ihren Sohn zur Welt. Sie wickelt ihn in Windeln und legt ihn in eine Krippe, »weil in der Herberge kein Raum für sie war.« Weihnachten, das Fest der Geburt Christi, beginnt also gar nicht mit »O du fröhliche …«, sondern mit der schmerzlichen Erfahrung, keinen Raum zu finden, draußen zu stehen, sich nicht zu Hause zu fühlen.

Wir möchten Ihnen heute dazu eine Geschichte vorspielen: die Geschichte vom Mädchen mit den Schwefelhölzchen.

(Sie zieht ein Kopftuch auf.)

Unsere Schwefelhölzchen-Geschichte spielt übrigens nicht wie bei Andersen am Silvesterabend, sondern am Heiligen Abend. Und sie ist auch in manch anderer Hinsicht anders. Bei uns gibt es zwei Mädchen mit Schwefelhölzchen. Es sind die Schwestern Anna und Christine. Denn Maria und Josef waren ja auch zu zweit, damals in Bethlehem.

(Tritt ab und kommt später – ebenfalls mit Kopftuch – als Großmutter.)

1. SZENE: Ein Singstück

(Anna und Christine treten auf und singen das Lied »Und das nicht nur zur Weihnachtszeit« [s. rechte Seite]. Sie werden von einem Chor unterstützt, der aus allen anderen Spieler/innen gebildet wird und der den Gesang auch mit Rhythmusinstrumenten begleitet. Der Chor stellt sich im Hintergrund auf.)

Anna und Christine (Strophe 1):
Wer nach Bethlehem fliegen will in den Stall und wer meint, dort ist auf jeden Fall der Frieden billig zu kriegen, der sollte woanders hin fliegen.

Chor: Der sollte – der sollte – der sollte woanders hin fliegen.

Anna und Christine (Strophe 2):
Wer nach Bethlehem reisen will zu dem Sohn und glaubt, dort ist die Endstation mit Vollpension für die Seelen, der sollte was anderes wählen.

Chor: Der sollte – der sollte – der sollte was anderes wählen.

Anna und Christine (Strophe 3):
Wer nach Bethlehem gehen will zu dem Kind und weiß, dass dort der Weg beginnt, ein jedes Kind zu lieben, der könnte es schon heute üben.

Chor: Der könnte – der könnte – der könnte es heute schon üben, schon üben, schon üben. *(Alle treten ab.)*

Und das nicht nur zur Weihnachtszeit

1. Wer nach Beth - le - hem flie - gen will in den Stall und wer
meint, dort ist auf je - den Fall der Frie - den bil - lig zu
krie - gen, der soll - te, der soll - te, der
soll - te wo - an - ders hin flie - gen. Der flie - gen.

Text: Hildegard Wohlgemut; Musike: Detlev Jöcker. Aus: MC und Buch »Sei gegrüßt, lieber Nikolaus«
Alle Rechte im Menschenkinder Verlag, 48157 Münster

2. SZENE: **Die Familie**

(Die Mutter liegt im Bett. Es reichen Stühle und Decken, um das Bett anzudeuten. Der Vater sitzt auf einem Stuhl und liest in der Zeitung.)

Mutter: *(macht sich Sorgen)* Wo bleiben die Kinder nur? Es wird ja schon dunkel.

Vater: *(legt die Zeitung weg)* Jetzt haben die Geschäfte zu. Wäre ja auch ein Wunder, wenn die beiden mal rechtzeitig was abliefern würden. Und was essen wir jetzt über die Feiertage? Nichts ist im Haus. *(ärgerlich)*

Dass aber auch kein Verlass auf die Kinder ist! Wenn die gleich wieder nur mit ein paar lumpigen Groschen ankommen, dann ... *(Er löst den Gürtel seiner Hose und droht)*.

Mutter: *(versucht ihn zu beruhigen)* Ach, sei nicht so streng mit ihnen!

(Anna und Christine kommen und klopfen an die Tür. Der Vater öffnet. – Es genügt, die »Tür« mit Gestik darzustellen.)

Anna: *(sieht den Gürtel in der Hand des Vaters und fleht ängstlich)*
Bitte, Vater, schlag uns nicht!

Christine: *(weinerlich)* Wir können doch nichts dafür, dass keiner …

Vater: *(unterbricht)* Was? Keiner? Kein Einziger?

Anna: Nein. Kein Mensch wollte Schwefelhölzchen haben.

Vater: *(droht mit dem Gürtel und schimpft)*
               Wo habt ihr euch denn auch wieder herumgetrieben? Wieder
               nur in dunklen Nebengassen, wo kein Mensch hinkommt, wie?
               Nur mit den Katzen herumgespielt oder? Na, kommt mir nur
               rein, ich will euch lehren!

Christine: *(erschrocken)* Nein, Vater, bitte nicht schlagen. Wirklich, wir
               haben alles versucht. Wir waren auf dem Markt und in den
               stark belebten Straßen. Aber die Leute hatten es alle so furcht-
               bar eilig. Sie sind einfach an uns vorbeigelaufen.

Anna: Wir haben sie angesprochen, wie du es uns beigebracht hast,
               aber …

Mutter: Du sollst nicht lügen, Anna!

Anna: Aber ich lüge doch gar nicht, ich …

Vater: Auch noch Widerrede geben, wie? Habt ihr das Geld etwa für
               euch selber genommen? Etwas Süßes davon gekauft, he?
               (Er hebt den Gürtel. Die Mädchen weichen entsetzt zurück.)
               Wagt euch noch einmal mit leeren Händen hierher, ihr –
               ihr …
               *(Die beiden Mädchen laufen weg. Der Vater knallt ihnen mit dem Gürtel
               hinterher. Dann lässt er sich auf seinen Stuhl fallen. Die Mutter seufzt und
               schließt dann erschöpft die Augen. Die Szene wechselt. Auf einem Klavier
               oder vom Band wird »Leise rieselt der Schnee« gespielt.)*

3. SZENE: **Auf der Straße**
               *(Anna und Christine kommen von der Seite herein. Anna ist barfuß. Sie singt
               leise zum Klavier. Im Hintergrund der Spielfläche steht ein geschmückter
               Christbaum.)*

Anna: *(singt)* Leise rieselt der Schnee. Still und starr ruht der See. Weihnacht-
               lich glänzet der Wald, freue dich, 's Christkind kommt bald.
               (Klavier klingt aus. Anna seufzt.) Ach, käme doch nur auch zu uns
               einmal das Christkind!

Christine: Oh ja, Anna, das wäre schön. Mit richtigen Lebkuchen wie
               beim Kaufmann.
               (Ein Passant geht vorüber.)

Christine:	*(ruft)* Schwefelhölzchen, bitte, kaufen Sie Schwefelhölzchen, die Packung nur zehn Pfennige! *(Ein zweiter Passant kommt von der anderen Seite.)*
Anna:	*(spricht ihn an)* Schwefelhölzchen, wunderschöne Schwefelhölzchen. Bitte, bitte, kaufen Sie uns doch eine Packung ab. Nur 10 Pfennige!
Passant 2:	Was, so teuer? Die kriege ich im Supermarkt ja viel billiger! *(geht weiter)*
Anna:	*(schaut erschrocken auf ihre Füße)* Oh je, ich habe meine Schuhe unterwegs irgendwo verloren. Wie werden die Eltern schimpfen. Ich habe doch nur das eine Paar.
Christine:	Komm, ich gebe dir einen Schuh von mir. Dann hat jeder wenigstens einen. Das geht schon. *(Sie zieht ihre Schuhe aus und will den einen Anna reichen. Da kommt ein Junge angerannt und reißt ihr beide Schuhe aus der Hand.)*
Christine:	He, gib mir meine Schuhe wieder!
Junge:	*(ruft im Wegrennen zurück)* Hol sie dir doch, du dummes Ding!
Christine:	Aber es ist so kalt. Wie soll ich denn laufen in dem kalten Schnee?
Junge:	*(spottet)* Zünde dir den Schnee doch an. Du hast ja genug Schwefelhölzchen. *(Der Junge verschwindet.)*
Anna:	Jetzt fängt es wieder an zu schneien.
Christine:	Du, schau mal, da hinten ist ein geschützter Winkel. Dort können wir uns hinsetzen. *(Die beiden Mädchen laufen dorthin und setzen sich.)*
Anna:	*(verzweifelt)* Was sollen wir nur machen? Nach Hause können wir nicht. Der Vater schlägt uns tot.
Christine:	Heute werden wir bestimmt keine Schwefelhölzchen mehr los. Die Leute sind schon alle zu Hause und feiern Weihnachten.
Anna:	*(friert und schnattert)* Brr, ist dir auch so kalt?
Christine:	*(reibt sich die Arme)* Schrecklich kalt sogar. Wenn doch wenigstens der Wind nicht wäre.

4. SZENE: **Der Traum**
(Das Klavier spielt wieder die Melodie von »Leise rieselt der Schnee«.)

Anna: Komm, wir singen wieder. Dann spüren wir die Kälte nicht so.

Christine und Anna:

(singen) In den Herzen wird's warm. Still schweigt Kummer und Harm. Sorge des Lebens verhallt, freue dich, 's Christkind kommt bald.
(Während die Mädchen in der Ecke singen, wird in der Mitte ein Tisch festlich gedeckt: Tischdecke, gutes Geschirr, Kerzen.)

Anna: Meinst du, uns hat es nicht lieb, das Christkind?

Christine: Ich weiß nicht. Ob wir mal ein Schwefelhölzchen anzünden sollen? Meine Hände sind schon beinahe wie Eiszapfen.

Anna: Komm, ich zünde eins an. Ein einziges, das merkt schon keiner. Dann kannst du dir deine Finger daran wärmen.
(Sie zündet das Hölzchen an. Christine wärmt sich daran.)

Christine: Oh, wie das sprüht und brennt. So eine schöne, warme, helle Flamme. So ein wunderbares Licht.
(Der Ofen hat sich inzwischen in der Ecke aufgestellt.)

Ofen: Hallo, hallo!

Anna: Psst, leise! Spricht da nicht jemand mit uns?

Ofen: *(mit freundlicher Stimme)* Kommt, nur näher, meine Kleinen. Ich bin ein warmer Kachelofen. Wenn ihr eure Wangen an meine Kacheln legt, dann werden sie so warm, als lägen sie an einem anderen Gesicht. Ihr könnt auch eure Hände darauf legen, dann werden sie so warm als lägen sie in anderen Händen.
(Die beiden Mädchen stehen auf und laufen zum Ofen. Anna hält ihre Wangen an die Kacheln. Christine legt die Hände auf den Ofen.)

Anna: Sonderbar! Mir ist, als würde sich eine Wange an meine schmiegen.

Christine: Zwei warme Hände greifen nach meinen. Oh, tut das gut! Ich zittere gar nicht mehr.
(Der Ofen verschwindet wieder.)

Anna: Jetzt ist es wieder dunkel. Der Ofen ist weg. Und von dem Schwefelhölzchen ist nur noch ein kleiner Stumpf geblieben.
(Sie wirft das Hölzchen deutlich sichtbar weg.)

Christine: Schade! Ob wir noch ein Hölzchen anzünden sollen?

Anna:	*(zündet das Hölzchen in der Richtung an, wo der Tisch steht)* Oh sieh mal, Chris, was für ein wunderschön gedeckter Tisch!
Christine:	Da, da schau, eine gebratene Gans. *(Sie zieht genießerisch Luft durch ihre Nase ein.)* Hm, wie sie duftet. Riechst du's auch?
Anna:	Hm, phantastisch! Und wie lecker sie aussieht, mit Pflaumen und Äpfeln gefüllt.
Gans:	Kommt nur näher, ihr Mädchen, quack, quack. Ich bin eigens für euch zubereitet worden. Kommt, esst euch mal ordentlich satt an mir, quack, quack!
Christine:	Sie kommt auf uns zu, mit Messer und Gabel im Rücken! Gleich hab ich sie! *(Sie läuft der Gans entgegen, aber diese springt weg und ist nicht mehr zu sehen.)*
Anna:	Oh nein, ausgerechnet jetzt musste das Hölzchen ausgehen!
Christine:	Sie war schon so nahe. Beinahe hätte ich sie greifen können.
Anna:	Wie kalt und dunkel es jetzt wieder ist. *(Sie zündet nochmals ein Hölzchen an. Dieses Mal in Richtung Christbaum.)*
Christine:	Oh, das ist ja der schönste Weihnachtsbaum, den ich je gesehen habe.
Anna:	Der ist noch schöner und größer als der vom Kaufmann. So viele Lichter hängen an den grünen Zweigen und bunte Kugeln (wunderschöne Strohsterne).
Christine:	*(streckt die Arme hoch)* Die vielen Weihnachtslichter steigen höher und höher und nun sind sie die klaren Sterne am Himmel.
Anna:	*(traurig)* Das Schwefelholz ist schon wieder aus. Und wieder ist es kalt und leer auf der Welt. Aber dort, dort, sieh doch, Chris! Dort fällt ein Stern herunter, mit einem langen Feuerstreifen.
Christine:	Weißt du noch, was Großmutter immer sagte: Wenn ein Stern vom Himmel fällt, dann stirbt ein Mensch.
Großmutter:	*(spricht aus dem Hintergrund, evtl. mit Mikrophon)* Immer wenn ein Stern vom Himmel fällt, steigt eine Seele zu Gott empor.
Anna:	Das war Großmutters Stimme, hast du gehört?
Christine:	Ja, Anna, ich hab's gehört. Mir war, als wäre sie ganz nahe.
Anna:	Die Großmutter war der liebste Mensch auf der Welt. Sie war die Einzige, die immer gut zu uns war.
Christine:	Aber sie ist tot. Ach, Großmutter, wenn wir dich doch noch einmal sehen könnten.

Anna: Das wäre das schönste Weihnachtsgeschenk, das es gibt!
(Sie zündet nochmals ein Hölzchen an.)

Christine: Oh, wie es um uns herum plötzlich leuchtet! Was ist das denn für eine Gestalt, die da auf mich zukommt? Komm, Anna, zünde schnell noch ein paar Hölzchen an, sonst ist sie gleich wieder weg!
(Die Großmutter tritt auf. Anna zündet mehrere Hölzchen an.)

Großmutter: Was ruft ihr mich, meine lieben Mädchen?

Christine: Großmutter, du bist noch schöner und größer als früher!

Anna: Bitte, geh nicht wieder fort. Lass uns nicht allein in der kalten Welt!

Christine: Nimm uns mit zu dir, Großmutter, bitte, nimm uns mit! Wo du bist, da muss es wunderschön sein.

Großmutter: Was, ihr wollt jetzt schon fort? Ihr seid doch erst so kurz auf der Welt.

Christine: Nicht zu kurz, Großmutter. Hier ist kein Platz für uns.

Anna: Wenn das Licht ausgeht, dann wirst du fort sein. Es wird genauso sein wie mit dem Ofen und der Gans und dem Weihnachtsbaum. *(Sie zündet schnell alle Hölzer an, die sie noch hat. – Es ist leise Musik zu hören. Das können Improvisationen auf dem Klavier sein oder meditative Musik von Cassette/CD.)*

Großmutter: *(nimmt die beiden in den Arm)*
Komm, Anna, komm, Christine, fliegt mit mir hoch! Wir überwinden die Erde, unendlich hoch und weit. Spürt ihr's? Hier gibt es keine Kälte, keine Lieblosigkeit und keine Dunkelheit mehr. Wir sind zu Hause bei Gott.
(Das Licht geht aus. Die Großmutter geht ab. Anna und Christine setzen sich dann wieder in den geschützten Winkel, wo sie am Anfang der Szene saßen. Sie kauern in sich zusammengesunken. Die Musik verklingt. Das Licht geht wieder an. Ein Straßenkehrer nähert sich den beiden Mädchen.)

Straßenkehrer: Na, ihr Kleinen, was hockt ihr denn da im kalten Schnee? Ihr solltet mal heimgehen, Weihnachten feiern.
(Er geht kopfschüttelnd ab.)

Junge: *(kommt vorbei, hebt verkohlte Schwefelhölzchen auf und lacht)*
Die wollten wohl den Schnee anzünden.

Erzählerin: *(tritt auf ohne Kopftuch)* Noch manch andere Leute kamen vorbei und wunderten sich über die beiden Mädchen, die da still im Schnee saßen, mit einem Lächeln auf den Gesichtern. Niemand aber wusste, was sie Wunderbares erlebt hatten.

Er kommt auch noch heute

Frank Banse (1. und 4. Szene) / Gottfried Mohr (2. und 3. Szene)

Vorbemerkungen:

Dieses Spiel kann mit allen vier Szenen aufgeführt werden. Jede der vier Szenen ist jedoch in sich abgeschlossen. Deshalb kann das Stück auch um einzelne Szenen gekürzt werden. So lässt es sich auf die Bedürfnisse der einzelnen Gemeinden abstimmen. Man kann auch nur eine der vier Szenen auswählen und diese als Anspiel aufführen.

Ein kleiner Hinweis bei Auswahl und Kürzungen: Die vierte Szene knüpft an das Lied an, das am Ende der dritten Szene gesungen wird. Wer die dritte Szene kürzt oder die vierte Szene allein aufführt, muss mit dem Lied »Hört der Engel helle Lieder« beginnen. Soweit Angaben zu Spielorten (z.B. Kanzel) gemacht werden, muss man diese auf den eigenen Raum anpassen.

Spieler/innen:	1. Szene:	3: Szene:
	Kinderkirchkind	Chor der Engel
	Jesaja	Chorleiter
	Arbeitsloser	Engel
	Frau Lieb	Kinderkirchkinder 1-3
		Mutter
		Straßenkehrer
		Beamter
	2. Szene:	4. Szene:
	Kinderkirchkind 1 u. 2	Kinderkirchkind
	Maria	Benjamin
	Josef	Daniel
		Krankenschwester
		Obdachloser

In den verschiedenen Szenen spielen die Kinder z.T. mehrere Rolle, so dass sich die Gesamtzahl der Mitwirkenden reduziert.

SZENE 1:　　**Jesaja kommt**

● Gemeindelied: »Es ist ein Ros entsprungen« (EG 30; GL 132; Hal 16; LJ 36)

Kinderkirchkind: *(trägt die Krippe vor den Altar)*
　　　　　　　Kinder, Kirche, Weihnachten – alle Jahre wieder üben wir das
　　　　　　　Weihnachtsspiel der Kinderkirche. Ihr hättet lieber »Alle Jahre
　　　　　　　wieder ...« singen sollen.

Jesaja: *(geht auf die Kanzel, entrollt eine Schriftrolle und beginnt zu lesen)*
»Das Volk, das im Finstern wandelt ...« *(Er schaut sich um und unterbricht sich.)* Aber bei euch ist's ja gar nicht finster. Bei euch scheint es hell – selbst nachts.

Kinderkirchkind: *(geht auf Jesaja zu)*
Was willst denn du in unserem Weihnachtspiel?

Jesaja: Ich bin Jesaja.

Kinderkirchkind: Jesaja, der Prophet?

Jesaja: Ja, der Prophet Jesaja.

Kinderkirchkind: Und was machst du bei uns, Jesaja?

Jesaja: *(kommt von der Kanzel herunter)* Ich wollte euch sagen, was ich vor langer Zeit meinem Volk auch gesagt habe: »Das Volk, das im Finstern wandelt, sieht ein großes Licht, und über denen, die da wohnen im finstern Lande, scheint es hell.« Aber ihr braucht meine Weissagungen gar nicht. Bei euch scheint schon alles hell.
(Jesaja ist nun mit dem Kinderkirchkind zusammengetroffen.)

Kinderkirchkind: Wie meinst du das?

Jesaja: Schau dich doch um in eurer Stadt! Die Häuser und die Straßen ..., alles erleuchtet. Ihr seht die Sterne ja kaum vor so viel Licht auf der Erde. Was ich damals verkündigt habe, ist bei euch wahr geworden: »Du weckst lauten Jubel, du machst groß die Freude. Vor dir wird man sich freuen, wie man sich freut in der Ernte,wie man fröhlich ist, wenn man Beute austeilt ...«

Kinderkirchkind: Wir feiern ja auch Weihnachten. Aber jubeln tun nur die Kinder. Die Erwachsenen bekommen zwar auch Geschenke. Aber bei ihnen ist das eher wie ein großer Tausch, oder wie du gesagt hast, »wie man fröhlich ist, wenn man Beute austeilt.«
Lass dich nicht blenden, Jesaja, die Helligkeit, die du siehst, ist außen und nicht innen. Das Licht, das du siehst, ist kalt – und lässt kalt. Auch bei uns gibt es Menschen, »die wohnen im finstern Lande.« Komm mit, ich zeig's dir!
(Das Kinderkirchkind nimmt Jesaja an der Hand. Sie gehen zusammen zu einem Arbeitslosen, der mutlos auf einer Bank sitzt.)

Kinderkirchkind: Guten Tag!

Jesaja: Schalom!

Arbeitsloser: Wer seid ihr denn?

Kinderkirchkind: Ich bin ... *(Name des Kindes einsetzen)* und komme aus der Kinderkirche. Und das ist der Prophet Jesaja.

Arbeitsloser: Der Prophet Jesaja...? Und was wollt ihr bei mir?

Kinderkirchkind: Jesaja meint, was er damals angekündigt hat, das ist bei uns in Erfüllung gegangen.

Jesaja: Das stimmt doch auch! Überall scheint es hell. Im finstern Lande wohnt ihr nicht.

Arbeitsloser: Seit zwei Jahren bin ich jetzt ohne Arbeit. Natürlich brennt Licht in unserer Wohnung. Aber den Strom muss das Sozialamt bezahlen. Ich weiß schon gar nicht mehr, wie oft ich mich um eine Arbeitsstelle beworben habe ... Da ist's manchmal ganz schön finster, Jesaja. Es ist kalt in unserer Welt – und auch in mir.

Jesaja: Das verstehe ich.

Arbeitsloser: Das ist kein schönes Gefühl: Niemand kann dich brauchen ... Was du gelernt hast, kannst du vergessen ... du weißt genau, die anderen denken: das ist ein Drückeberger.

Kinderkirchkind: »Denn uns ist ein Kind geboren, ein Sohn ist uns gegeben, und die Herrschaft ruht auf seiner Schulter ...« Das gilt auch für Arbeitslose. Das gilt auch für dich.

Arbeitsloser: Wie meinst du das?

Kinderkirchkind: Jesus hat doch immer wieder gesagt: »Wir sind Gottes Kinder. Wir alle!«

Jesaja: Du, ich glaube, das hilft Arbeitslosen nicht viel. Das Gefühl zu haben, ich bin nichts wert, das ist Finsternis.

Kinderkirchkind: Aber Jesus ist damals besonders zu den Menschen gegangen, die im Finstern waren. Ich glaube, heute käme er auch zu all den Menschen, die keine Arbeit haben.

Arbeitsloser: Und was nützt mir das?

Kinderkirchkind: Das weiß ich auch nicht so genau. Was ich aber weiß: Wo Jesus kommt, da wird es hell in der Welt. Da wird jeder gebraucht!

Jesaja: Ich glaube, …*(Name des Kindes)* hat recht. Mein Wort gilt auch
                  für dich: »Mache dich auf, werde Licht; denn dein Licht-
                  kommt, und die Herrlichkeit Gottes geht auf über dir!« Geseg-
                  nete Weihnachten!

● Chor der Kinder *(im Hintergrund)*: »Mache dich auf und werde Licht«
                  (EG Regionalteile; LJ 451)

Kinderkirchkind: *(nimmt Jesaja an der Hand)* Komm mit zu Frau Lieb.

Jesaja: Frau Lieb …?

Kinderkirchkind: Frau Lieb ist die netteste Nachbarin der Welt. Frau Lieb
                  ist Witwe. Im Sommer ist ihr Mann gestorben.
                  (Sie finden Frau Lieb.)

Kinderkirchkind: Guten Tag, Frau Lieb! Das ist Jesaja.

Frau Lieb: Wer bist du ? Entschuldigung – wer sind Sie?

Jesaja: Ich bin Jesaja !

Frau Lieb: »… und er heißt Wunder-Rat, Gott-Held, Ewig-Vater, Friede-
                  Fürst; aufdass seine Herrschaft groß werde und des Friedens
                  kein Ende auf dem Thron Davids …« Der Jesaja?

Jesaja: Genau der Jesaja!

Frau Lieb: Und was machen Sie hier?

Jesaja: Ich will euch sagen, was ich meinem Volk damals auch sagen
                  musste: »Das Volk *(Frau Lieb spricht leise mit)*, das im Finstern
                  wandelt, sieht ein großes Licht, und über denen, die da wohnen
                  im finstern Lande, scheint es hell …«

Jesaja: Sie kennen diese Sätze?

Frau Lieb: Und ob ich diese Sätze kenne!

Jesaja: Und …

Frau Lieb: Ich weiß ja nicht, lieber Jesaja, wen Sie damals mit dieser
                  Weissagung gemeint haben. Aber für mich ist Jesus Christus
                  der Wunder-Rat und Friede-Fürst.
                  … *(Name des Kindes)* hat Ihnen sicher gesagt, dass mein Mann
                  im Sommer gestorben ist. Er fehlt mir sehr. Und es gibt ganz
                  finstere Stunden … aber durch Jesus weiß ich: Der Tod ist
                  nicht das Letzte. Das tröstet mich – genauso wie die Sätze, die
                  Sie gesagt haben. Deshalb helfe ich, dass ihre Weissagungen
                  Wahrheit werden.

Jesaja: *(gibt der Frau die Hand)* Sie haben das Licht gesehen – mitten in ihrer Trauer, mitten in der Finsternis.

Kinderkirchkind: Deshalb ist sie auch die netteste Nachbarin der Welt. Noch nie hat sie uns Kinder weggejagt. Dem Ismael und seiner Schwester hilft sie jeden Tag bei den Hausaufgaben. Und wenn wir Sorgen haben, ist Frau Lieb für uns da.

Frau Lieb: Nun übertreib' mal nicht! Wenn Propheten in der Nähe sind, müssen wir die Wahrheit sagen.

Kinderkirchkind: Das ist die Wahrheit. Und was wahr ist, das muss auch wahr bleiben. Und wenn ich Pfarrer wäre, dann würde ich sagen: Wo du bist, da ist es ein Stück mehr Licht in der Welt .

Frau Lieb: Na …!

Kinderkirchkind: Was wahr ist, muss auch wahr bleiben!

● Gemeindelied: »Mache dich auf und werde Licht«

SZENE 2: **Maria und Josef kommen**

Kinderkirchkind 1:
(spielt beim Weihnachtsspiel den Josef, spricht zu Kinderkirchkind 2)
Hallo, … *(Name der Kindes einsetzen)*, bist du auch so früh dran?

Kinderkirchkind 2:
(spielt beim Weihnachtsspiel die Maria)
Daheim war's langweilig.

Kinderkirchkind 1:
Dann können wir das Weihnachtsspiel schon mal allein üben. Da steht ja schon die Krippe.

Kinderkirchkind 2:
Ich, die Maria, ich stehe hier vorne neben der Krippe. Du stehst dahinter.

Kinderkirchkind 1:
(verärgert) Natürlich, Maria ist immer vorne dran, Josef dahinter. Das passt mir gar nicht!
(Maria und Josef treten auf.)

Kinderkirchkind 2:
Sei still, da kommen Leute in die Kirche.

Kinderkirchkind 1:
> Die sehen mal komisch aus. So wie von ganz früher.

Kinderkirchkind 2:
> Sucht ihr was? Kann man euch helfen?

Maria:
> Wir suchen eigentlich nichts, nur ein bisschen Ruhe in der Kirche. Draußen ist es so laut, der Weihnachtsmarkt und die vielen Menschen.

Josef:
> Ihr schaut uns so komisch an. Wir kommen von weit her und wir kommen aus einer anderen...

Kinderkirchkind 1:
> *(unterbricht)* Sie sehen so aus wie Maria und Josef aus der Bibel.

Maria:
> Wir sind Maria und Josef, ihr habt völlig recht.

Kinderkirchkind 1:
> Und wir sind auch Maria und Josef. Wir spielen sie im Krippenspiel.

Josef:
> Dann sind wir sozusagen eure Doppelgänger. Das ist ja witzig. Ihr dürft ruhig du zu uns sagen.

Kinderkirchkind 2:
> Und was wollt ihr hier in unserer Stadt?

Maria:
> Wir suchen Kinder.

Kinderkirchkind 1:
> Du kriegst doch bald selbst ein Kind ...

Maria:
> Mein Kind ist ein besonderes Kind. Ich weiß es von Gott. Unser Kind ist Gottes Kind. Ich möchte euch dieses Geheimnis anvertrauen: Gott wird Kind, ein Kind so wie ihr.

Josef:
> Wir suchen Kinder. Die Kinder auf dem Weihnachtsmarkt wollte ich beim Karussellfahren nicht stören. Wir wollen wissen, wie es Kindern geht auf der Welt. So wird es Gott auch gehen, wenn er als Kind auf die Welt kommt.

● Chor der Kinder (im Hintergrund): »Lobt Gott, ihr Christen« (EG 27,1+2; GL 134,1+2; Hal 32,1+2; LJ 34,1+2)

Kinderkirchkind 2:

(überzeugt) Wenn Gott ein Kind kriegt, dann wird es ein Superkind. Das regiert aus dem Kinderwagen die ganze Welt. Das weiß schon im Kindergarten mehr als die Professoren an der Uni. Das hat alles, was es will und braucht. Du glaubst doch selbst nicht, dass Gottes Kind in die Windeln macht.

Maria:

Jedes Kind ist ein besonders Kind. Mein Kind wird ein Kind, wie alle anderen Kinder. Ich will wissen, wie geht es den Kindern auf der Welt?

Kinderkirchkind 1:

Frag doch mich. Ich bin ein ganz normales Kind.

Maria:

Erzähl, bitte!

Kinderkirchkind 1:

Wir sind drei Geschwister daheim. Meine Mutter hat nicht viel Zeit. Sie arbeitet jeden Morgen auf der Sparkasse. Papa ist Fernfahrer, der kommt nur samstags heim, und am Sonntagabend geht er wieder. Wenn er daheim ist, schläft er meistens. Mit Mutter kann ich über alles reden, außer wenn sie Krach im Büro hat. Kommt in letzter Zeit oft vor. Dann hab ich nur meinen Stoffhasen, dem ich alles erzählen kann. Wenn ich weinen muss, wird sein Fell ganz nass.

Josef:

Hör nur, Maria, so wird es unserem Kind auch gehen.

Maria:

Und du, kleiner Josef, willst du mir auch etwas von dir erzählen?

Kinderkirchkind 2:

Von mir? Von mir gibt's nicht viel zu erzählen, nicht viel Gutes...

Maria:

Du musst nichts erzählen...

Kinderkirchkind 2:

... ich bin ziemlich schlecht in der Schule. Im Diktat mache ich die meisten Fehler. Die anderen Kinder lachen dann über mich. »Du kommst noch ins Buch der Rekorde mit deinen Fehlern«, sagen sie. Zu Hause zeige ich mein Diktatheft nicht mehr. Mein Vater sagt immer: »Wer nicht richtig schreiben kann, aus dem wird nichts Richtiges.«

Josef:

Immerhin ist ein toller Josef aus dir geworden im Krippenspiel.

Kinderkirchkind 2:

Ja, im Kindergottesdienst ist es besser. Da lacht mich keiner aus.

Maria:

Und wenn's unserem Kind mal so ergeht? Vielleicht werden auch mal die großen Leute sagen: Aus dem wird nichts! Das ist bitter, das tut weh.

Kinderkirchkind 3:

(kommt in die Kirche) Hallo, seid ihr schon da?

Kinderkirchkind 2:

Schon lange, wir haben heute Besuch. Das sind Maria und Josef, und zwar die echten.

Kinderkirchkind 3:

Verkohlen kann ich mich selber!

Kinderkirchkind 1:

Du musst es ja nicht glauben. Du musst ihnen nur ein bisschen von dir erzählen. Sie wollen wissen, wie es einem Kind wie dir geht heutzutage?

Maria:

Natürlich nur, wenn du es uns erzählen willst.

Kinderkirchkind 3:

Ich erzähle gerne von mir, ich hab viel erlebt im letzten Jahr, auch wenn's scheußlich war: Heute morgen war ich mal wieder im Krankenhaus. Zur Nachsorge. Ich hab' ein Geschwür gehabt im Bauch. Das haben sie im Frühling rausgeschnitten. Den ganzen Sommer war ich im Krankenhaus. Jetzt untersuchen sie mich immer wieder, ob das Geschwür wiederkommt. Ich darf auch nicht mehr Fussball spielen. Ich war ein super Verteidiger in der D-Jugend. Vielleicht ab nächsten Sommer wieder. Aber ob meine Mannschaft mich dann noch will bei dem Trainingsrückstand, weiß ich nicht. Wenn nur die Bauchschmerzen nicht wiederkommen...

Josef:

Du hast schon einiges durchgemacht!

Kinderkirchkind 3:

Da gibt's viele Kinder, denen geht's noch dreckiger als mir. Im Krankenhaus hatte ich einen Freund. Der ist im Herbst gestorben.

Josef:

Hoffentlich bleibt unserem Kind so etwas erspart!

Maria: Unserem Kind bleibt nichts erspart! Unser Kind wird auch das erleben, was dieses Kind *(deutet auf Kinderkirchkind 3)* erlebt hat. Unser Kind wird der Bruder von all diesen Kindern.

Kinderkirchkind 1:
Und dein Kind wird wirklich Gottes Kind sein?

Kinderkirchkind 2:
Dann wird Gott alles erleben, was wir erleben. Dann wird Gott einer von uns.

● Gemeindelied: »Lobt Gott, ihr Christen« (EG 27,4+5; GL 134,4+5; Hal 32,4+5; LJ 34,4+5)

SZENE 3:   **Ein Engel kommt**

● Chor der Engel *(singt)*: »Gloria in excelsis Deo« (EG 54, Kehrvers; Hal 148; LJ 52) oder »Ehre sei Gott« (TG 358)

Chorleiter: *(wütend)* Ihr singt schrecklich falsch. Da stehen einem die Haare zu Berge! Da zieht es einem die Schuhe aus! So wie ihr singt, so klingt kein Engelchor!

Engel: *(tritt aus den hinteren Reihen des Engelchors vor)* Woher weißt du das, wie Engel singen?

Chorleiter: Ich hab doch gute Ohren. Da in der zweiten Stimme habt ihr F gesungen statt Fis.

Engel: Woher weißt du, dass Engel Fis singen und nicht F?

Chorleiter: *(noch wütender)* Also, ich lasse nicht mit mir diskutieren. Ich bin der Chorleiter und nicht du. Wer bist du überhaupt?

Engel: Ich bin ein Engel. *(Kinder im Engelchor kichern.)*

Chorleiter: Natürlich bist du ein Engel. Alle im Chor sind Engel. Wir singen nämlich gerade den Engelchor, wenn du das bemerkt haben solltest. Und wir singen ihn richtig. Und richtig ist, wie ich es sage.

Engel: Ich bin wirklich ein Engel. Ein echter Engel. Ein Engel aus der Weihnachtsgeschichte.

Kinderkirchkind 1:
Gibt doch gar keine Engel!

Engel: Ich habe viele Engel gesehen auf meinem Weg durch die Stadt, die meisten in Schaufenstern.

Kinderkirchkind 2:
Das sind doch keine echten Engel.

Chorleiter: Ruhe jetzt!

Engel: Gibt es echte Engel bei euch auf der Erde?

Kinderkirchkind 3:
Was heißt denn echte Engel? Was ist denn ein Engel überhaupt?

Engel: Das ist doch ganz einfach: Ein Engel tut was Gutes. Ein Engel hat gute Gedanken. Ein Engel bringt Glück. Gibt's solche Menschen?

Kinderkirchkind 1:
So ist meine Mutter!

Engel: Dann bring' mich zu ihr!

Kinderkirchkind 1:
Gerne!
(Kinderkirchkind 1 nimmt den Engel an der Hand und führt ihn zu seiner/ihrer Mutter. Die folgende Szene spielt vorne vor dem Engelchor. Die Mutter sitzt vorne an einem kleinen Schreibtisch und korrigiert Schulhefte.)

Kinderkirchkind 1:
Mutter, ich hab' dir jemand mitgebracht.

Mutter: Ich denk', du bist im Kinderchor.

Kinderkirchkind 1:
Geh ich gleich wieder hin. Ich hab hier einen Engel mitgebracht. Der will dich kennenlernen. Der sucht Menschen, die Gutes tun, gute Gedanken haben oder Glück bringen. Und das bist du.

Mutter: Ich???

Kinderkirchkind 1:
Ja du! Du hast meine Ausstecherle aus dem Backofen genommen gestern. Sonst wären sie verbrannt. Ich hatte sie vergessen. Du hast gesagt, ich soll der Tanja den Spitzer zurückgeben, den ich ihr geklaut habe. Das war ein guter Gedanke. Jetzt sind wir wieder Freundinnen. Du hast heute morgen vor der Schule zu mir gesagt: »Du schaffst das schon in Mathe!« Das hat mir Glück gebracht. Ich hab' alle Aufgaben richtig.

Engel:	Du hast recht. Deine Mutter ist ein Engel!

Mutter: Ich versteh' gar nichts mehr. Könntet ihr mir bitte erklären …

Kinderkirchkind 1:
Keine Zeit, wir müssen wieder zurück. Tschüß, Mammi!

Mutter: Tschüß, mein Engel.
(Mutter und Schreibtisch verschwinden. Kinderkirchkind 1 geht wieder in den Chor zurück.)

Kinderkirchkind 2:
Ich kenn' auch einen Engel, soll ich ihn dir zeigen?
(Kinderkirchkind 2 nimmt den Engel an der Hand und führt ihn zum Straßenkehrer, der gerade mit dem großen Straßenbesen kehrt.)

Kinderkirchkind 2:
Hallo Willibald, hast du mal eine Minute Zeit für uns?

Straßenkehrer: Für Kinder hab' ich immer Zeit!

Kinderkirchkind 2:
Der Engel will 'nen Engel sehen.

Straßenkehrer: Bin kein Engel. Bin von der Straßenreinigung. Bin nur für den Dreck zuständig: Coladosen, Pappteller von der Currywurst, Zigarettenkippen, Bananenschalen. Das ist meine Welt.

Kinderkirchkind 2:
Aber du bist immer fröhlich.

Straßenkehrer: Wenn's überall so dreckig ist, dann muss wenigstens ich fröhlich sein.

Kinderkirchkind 2:
Und du schimpfst nie mit uns Kindern!

Straßenkehrer: Bei mir brummt der Besen, nicht der Mensch.

Kinderkirchkind 2:
Und du hörst zu, wenn man ein Problem hat.

Straßenkehrer: Kann nicht immer kehren, muss auch mal was hören!

Kinderkirchkind 2:
Und du lachst alle Leute an, wenn sie dich anschauen.

Straßenkehrer: Kann über die Leute nur lachen, die alles so dreckig machen.

Kinderkirchkind 2:
Du bist ein Engel, weil's schön ist, dass du da bist.

Straßenkehrer: Ich will nicht auf die Engelsleiter, ich bleibe lieber Stadtarbeiter. Ehrlich, Engel ist mir zu anstrengend.

(Straßenkehrer ab. Kinderkirchkind 2 geht mit dem Engel in den Chor zurück.)

Kinderkirchkind 3:
Ich kenn' auch einen Engel. Der arbeitet auf dem Finanzamt. Komm, ich zeig ihn dir.

(Kinderkirchkind 3 nimmt den Engel an der Hand und führt ihn an eine Haustür. Kinderkirchkind 3 läutet. Der Beamte schaut zum Fenster raus.)

Beamter: Ach, du bist es! Du, ich hab' leider keine Zeit. Ich muss meine Mutter noch baden und füttern.

Kinderkirchkind 3:
Schau dir den Mann an, lieber Engel. Seine Mutter ist krank, schon viele Jahre. Und er pflegt sie: Füttern, waschen, ins Bett legen, in den Rollstuhl setzen. Das macht der alles. Und er liest ihr auch noch vor, jeden Tag. Und arbeiten muss er auch noch gehen.

Beamter: Entschuldigung, ich würde Sie gerne zu mir herauf bitten, aber es geht heute wirklich nicht.

Engel: Ich verstehe, Sie müssen nach ihrer Mutter gucken. Ich hab nur eine Frage: Wird Ihnen diese aufopferungsvolle Pflege nicht zu viel?

Beamter: Manchmal schon, aber es ist doch meine Mutter. Außerdem: ich bekomme Hilfe. Von der ... *(Name Kinderkirchkind 3)*. Sie kommt fast jeden Tag und besucht mich und hört mir zu, wenn ich vorlese. Sie ist ein richtiger Engel!

(Beamter ab. Kinderkirchkind 3 geht wieder in den Chor zurück.)

Chorleiter: Jetzt ist Schluss mit dem Reden! Wir müssen üben. Wir fangen noch mal beim Gloria an. Ich möchte einen richtigen Engelsgesang hören. Stellt euch vor, ihr seid überirdische Himmelswesen mit weißen Gewändern und großen Flügeln. Ihr schwebt in den Lüften. So sind Engel.

Engel: Ich hab ganz andere Engel auf der Erde getroffen. Die sind mir lieber. Das sind meine Geschwister.

● Gemeindelied: »Hört der Engel helle Lieder« (EG 54; Hal 148; LJ 52)

SZENE 4:	**Zwei Hirten kommen**

(Die Hirten Daniel und Benjamin kommen den Mittelgang entlang und singen ab dem Gloria der 2. Strophe kräftig mit.)

Kinderkirchkind: Wer seid ihr denn?

Benjamin: Ich bin so einer, von dem ihr da gesungen habt.

Daniel: Tja, ihr Lieben, Weihnachten ist eben die Zeit der Zeichen und Wunder...

Kinderkirchkind: Könnt ihr euch vielleicht einmal so ausdrücken, dass man euch versteht?

Daniel: Natürlich können wir das. Aber eigentlich könntet ihr uns ja auch ansehen, wer wir sind.

Benjamin: Oder rechnet ihr nicht damit, dass Hirten zu euch in den Gottesdienst kommen?

Kinderkirchkind: Hirten ...?

Benjamin und Daniel:
Allerdings, Hirten ... waschechte – und ein bisschen ungewaschene – Hirten!

Benjamin: Ich heiße Benjamin.

Daniel: Und ich heiße Daniel.

Benjamin: Wir sind zwar nicht miteinander verwandt und verschwägert...

Daniel: ...aber Hirten sind wir tatsächlich.

Kinderkirchkind: Echt?

Benjamin: *(stupst den Daniel an)* Hast du dafür Töne ... ist Weihnachten in der Kirche und glaubt uns Hirten kein Wort?

Daniel: *(schüttelt den Kopf)* Es ist nicht zu fassen! Das ist doch ein ungläubiges Volk hier ...

Kinderkirchkind: Ha, Ha! Beruhigt euch mal und erzählt der Reihe nach!

Benjamin: Wir waren die ersten. Ausgerechnet wir Hirten!
Hirten! Mit uns will sonst niemand zu tun haben. Denn Hirten lassen öfter ein Schaf über die Klinge springen – aber nie eins, das ihnen gehört ... Hirten lässt du besser nicht in dein Haus, und wenn, dann pass' ja auf, dass dir nachher nichts fehlt ...

Daniel: Jeden Tag bekommst du gezeigt, dass du der letzte Dreck bist. Da bleibst du am liebsten gleich da, wo du bist: draußen auf dem Feld, bei deinen Schafen und Ziegen. Freunde hast du, wenn überhaupt, nur bei den anderen Hirten. Aber in dieser Nacht ...

Benjamin: In dieser Nacht ... Doch ich kann es euch eigentlich gar nicht erzählen ...

● Chor der Kinder (im Hintergrund):»Vom Himmel hoch, da komm ich her« (EG 24,1-3; GL 138,2-4 – Strophe 1:»Es kam ein Engel«; Hal 23,1-3; LJ 32,1-3)

Daniel: Es war zu schön, um wahr zu sein.

Benjamin: Es ist zu schön, um wahr zu sein. Ob ihr's – uns Hirten – glaubt oder nicht: Wir»fanden beide, Maria und Josef, dazu das Kind in der Krippe liegen.«

Daniel: Tja, und jetzt sind wir hier. Und alle sollen es hören:»Euch ist heute der Heiland geboren!« Vor allem alle Hirten hier ...

Kinderkirchkind: Hirten, so wie ihr das seid, die gibt's bei uns gar nicht mehr...

Benjamin: Aber Menschen, die draußen sind. Menschen, denen ihr eure Herzen und Häuser verschließt. Menschen, mit denen ihr am liebsten nichts zu tun habt, die gibt's doch hier auch! Hilf uns doch bitte, Menschen zu finden, denen es heute genauso geht, wie uns damals!
                 (Kinderkirchkind bespricht sich mit den anderen Kindern aus der Kinderkirche, nimmt Benjamin und Daniel an der Hand und geht mit den beiden Hirten zu einer Krankenschwester.)

Kinderkirchkind: Guten Abend, Schwester !

Krankenschwester:
              Guten Abend! Haben Sie einen Aufnahmeschein?

Kinderkirchkind: Wir wollen zu Ihnen, nicht ins Krankenhaus!

Krankenschwester:
              Zu mir ?

Kinderkirchkind: Ja, zu Ihnen. Das hier sind Benjamin und Daniel.

Krankenschwester:
              Kenne ich nicht.

Kinderkirchkind: Die können Sie auch nicht kennen. Das sind zwei von den Hirten von Bethlehem.

Krankenschwester:
Na ja! Und was wollen die bei mir?

Daniel: Ich weiß nicht, ob wir bei Ihnen richtig sind?

Benjamin: Wir suchen Menschen, denen es heute so geht, wie es uns damals ging. Menschen, die allein sind, Menschen, die man nicht so gerne sieht.

Krankenschwester:
Also, ihr beiden Weihnachtsmänner, wenn das so ist, dann seid ihr bei mir nicht richtig. Erstens muss ich heute abend zwei Stationen allein versorgen. Allein bin ich also nicht. Zweitens freuen sich alle, die mich heute Abend sehen. Und drittens: Seht euch um – dunkel ist's hier auch nicht. Im Gegenteil!

Kinderkirchkind: Ja, wären Sie nicht lieber daheim, in Ihrer Familie?

Krankenschwester:
Natürlich, aber wisst ihr, hier ist für mich Weihnachten: Die Kranken pflegen, die wir nicht nach Hause entlassen konnten, mit den Patienten reden, die heute keinen Besuch hatten, den Menschen helfen, die meine Hilfe brauchen.

Daniel: *(stößt Benjamin an)* Merkst du was?

Benjamin: Was?

Daniel: Hier sind wir nicht richtig, obwohl hier wirklich Weihnachten ist.

Benjamin: *(zur Krankenschwester)* Wissen Sie, an wen Sie mich erinnern?

Krankenschwester:
An wen?

Benjamin: An die Engel, die uns in jener Nacht erschienen sind.
(Er kramt in seiner Tasche und zieht einen Strohhalm heraus.)
Nehmen Sie dieses Stroh. Daniel und ich haben es an der Krippe gefunden. Auf diesem Stroh lag das Kind. Und Stroh wie dieses wärmte es. Dieses Stroh soll Sie an den erinnern, der in seiner Liebe Mensch geworden ist – mitten in der Nacht.
(Die drei gehen weg. Als sie weit genug weg sind, dreht sich Daniel noch einmal um.)

Daniel: Und Sie erinnern mich doch an die Engel!

Benjamin: Und wo gehen wir jetzt hin?

Kinderkirchkind: Kommt mit, ich bringe euch zu dem Obdachlosen!
(Sie kommen zu einem Obdachlosen, der auf einer Zeitung schläft und sich mit einem Schlafsack zudeckt.)

Obdachloser: Na, ihr Heiligen Drei Könige! Was macht ihr noch hier?

Kinderkirchkind: Wir sind nicht die Heiligen Drei Könige. Das sind zwei Hirten von den Feldern Bethlehems.

Obdachloser: Welch edler Besuch !

Benjamin: Quatsch, edler Besuch! Wir sind Hirten – und Hirten sind nicht edel. Wie oft haben wir genauso übernachtet, wie Sie übernachten. Wie oft haben wir gezittert und gefroren. Und wenn das alles ist, was Sie besitzen. *(deutet auf den Obdachlosen)* Daniel, der hat auch nicht viel mehr als wir.

Obdachloser: Und das wollt ihr mir sagen? Darum stört ihr mich mitten in der Nacht ?

Daniel: Wir sind zwar nur zwei Hirten, aber wir stören dich, so wie uns in jener Nacht die Engel gestört haben.

Benjamin: Uns ging es damals so, wie es Ihnen heute geht. Mit uns wollte niemand zu tun haben. Das einzige Haus, in das man uns einließ, war dieser Stall. Und dort ist Weihnachten geworden.

Obdachloser: *(räuspert sich)* Aha – und das glaubst du selber? Sieh dich doch mal um … Ist das Weihnachten …? Eine schöne Bescherung ist das hier.

Daniel: Schön war das auch damals nicht: Die Nacht, die Kälte, die blöden Schafe, die Angst vor den Wölfen …

Obdachloser: *(winkt ab)* Bleib' mir weg mit deinen Wölfen! Wenn ich mit den Wölfen geheult hätte, wäre ich jetzt nicht hier!

Benjamin: Trotzdem! Ich bleibe dabei! Uns ging es genauso wie Ihnen. Und direkt neben uns wurde das Kind Gottes geboren.

Obdachloser: *(enttäuscht)* Dafür kann ich mir nichts kaufen. Gottes Kinder – die feiern jetzt Weihnachten … Und ich liege jetzt hier …Und wenn ihr drei nicht so komische Ideen hättet, könnte ich längst schlafen.

Benjamin: *(kramt in seiner Tasche und zieht einen Strohhalm heraus)*:
Nehmen Sie dieses Stroh. Daniel und ich haben es an der Krippe gefunden. Auf Stroh wie diesem lag das Kind. Und Stroh wie dieses wärmte es. Dieses Stroh soll Sie an den erinnern, der damals ganz nah zu uns gekommen ist – und ganz nah zu Ihnen kommen will!

Obdachloser: Du hättest Pfarrer werden sollen!

Benjamin: Hirte bleibt Hirte! Gute Nacht!
(Die drei gehen weg. Als sie weit genug weg sind, dreht sich Daniel noch einmal um.)

Daniel: Und ich wünsche Ihnen, dass ein Engel Sie weckt, so wie uns – mitten in der Nacht!

Kinderkirchkind: *(beginnt zu pfeifen)* »Vom Himmel hoch, da komm ich her ...«

Daniel: Was ist denn das für ein Lied?

Kinderkirchkind: Kommt mit in die Kinderkirche. Da singen wir's euch vor:
(Sie gehen zu den anderen Kinderkirchkindern.)

● Chor der Kinderkirchkinder: »Vom Himmel hoch« (EG 24; GL 138; Hal 23; LJ 32)

Benjamin: *(kramt in seiner Tasche und zieht Stroh heraus)*
Nehmt dieses Stroh. Daniel und ich haben es an der Krippe gefunden. Auf Stroh wie diesem lag das Kind. Stroh wie dieses wärmte es. Dieses Stroh soll euch alle daran erinnern, dass Jesus Christus unser Bruder geworden ist. Dieses Stroh soll euch daran erinnern, dass wir alle Schwestern und Brüder sind.

Daniel: Ihr Kinder von der Kinderkirche, helft uns ! Jede und jeder soll so einen Stroh-Halm bekommen und mit in sein Leben nehmen.
(Die Kinder der Kinderkirche verteilen das Stroh an die Gemeinde.)

● Gemeindelied: »Vom Himmel hoch, da komm ich her« (EG 24; GL 138; Hal 23; LJ 32)